《〈少儿国学读本〉教学指导用书》编委会

主　　编：许凤英

副 主 编：熊桂文　曾　瑜

编写人员：付凌亚　兰润花　叶桂霞　李淑君

　　　　　李穗湘　贺立群　熊萍芬

《少儿国学读本》
教学指导用书

许凤英　主编

暨南大学出版社
JINAN UNIVERSITY PRESS

中国·广州

图书在版编目（CIP）数据

《少儿国学读本》教学指导用书/许凤英主编．—广州：暨南大学出版社，2019.8
ISBN 978 - 7 - 5668 - 2628 - 2

I. ①少⋯　II. ①许⋯　III. ①中华文化—小学—教学参考资料　IV. ①G623.203

中国版本图书馆 CIP 数据核字（2019）第 074043 号

《少儿国学读本》教学指导用书
SHAOER GUOXUE DUBEN JIAOXUE ZHIDAO YONGSHU
主　编：许凤英

出 版 人：徐义雄
项目统筹：黄圣英　沈凤玲
责任编辑：黄　球　黄　颖　颜　彦　吴筱颖　郑晓玲
责任校对：黄晓佳　孙劭贤
责任印制：汤慧君　周一丹

出版发行：暨南大学出版社（510630）
电　　话：总编室（8620）85221601
　　　　　营销部（8620）85225284　85228291　85228292（邮购）
传　　真：（8620）85221583（办公室）　85223774（营销部）
网　　址：http：//www.jnupress.com
排　　版：广州市天河星辰文化发展部照排中心
印　　刷：广东信源彩色印务有限公司
开　　本：787mm×1092mm　1/16
印　　张：12.75
字　　数：294 千
版　　次：2019 年 8 月第 1 版
印　　次：2019 年 8 月第 1 次
定　　价：45.00 元

（暨大版图书如有印装质量问题，请与出版社总编室联系调换）

前　言

　　目前，人们对"经典教育""国学教育"的价值已基本达成共识——有利于培养学生的文化自信、家国情怀、良好品行，有利于厚实学生的文化底蕴。然而，在国学经典的学习中也出现了一些问题，比如，把国学教育简单地理解成让孩子死记硬背一些古典诗文，学习内容零碎、不成体系，教学方法不符合学生的年龄特征等。为了给教师、家长提供教学指引，我们组织编写了这本《〈少儿国学读本〉教学指导用书》。

　　《〈少儿国学读本〉教学指导用书》以"教学案例"为主体，还有"编写与使用说明""学年总结与评价建议""国学常识"等方面的内容。

　　"编写与使用说明"对《少儿国学读本》丛书的基本结构、各部分的呈现方式与特点、教学中需注意的问题等一一作了介绍。

　　"教学建议"对每册书的内容作了学习规划，按照每学期16周每学年32周进行分配。读本中的一部分内容没具体安排在哪周学习，这部分内容由教师指导学生用零碎的时间自己读背。"教学建议"中的"教学案例"是教学指导用书的主体内容，有名言教学案例，古诗词教学案例，古文教学案例，书法、国画教学案例等。每个案例基本包括"教学内容—教材解读—教学目标—教学过程—教学资源"五部分，教学过程比较详细，便于教师借鉴。

　　"学年总结与评价建议"介绍了"国学雏鹰奖章"的使用办法。

　　"附录"介绍了五山小学国学课程理念"三论"和国学课堂教学模式"三环七步"。

　　"国学常识"介绍了中国古代文人和文史典籍。

　　有了这本《〈少儿国学读本〉教学指导用书》，教师在教学时不会望而生畏，而是可以依据教学案例举一反三、融会贯通。

　　本书在编写中，由于时间仓促，错漏之处在所难免，还望读者批评指正。

编　者

2019 年 8 月

编写与使用说明

一、《少儿国学读本》丛书的基本结构

《少儿国学读本》丛书共六册，每个年级一册。丛书涵盖了儒、道、墨、法等诸子百家之学以及书法、国画等知识内容。其特点是选材经典而广泛，体例编排科学、系统，内容设置和呈现方式符合小学生的年龄特征与认知特点。每册都包含名言、古诗词、古文（儒道经典和小古文）、国学小天地四个内容板块，同时注意了学习内容的连贯性和层次性。

	一年级	二年级	三年级	四年级	五年级	六年级
名言	爱国篇 好学篇 敦亲篇 （20句）	爱国篇 好学篇 敦亲篇 （20句）	诚信篇 自强篇 勤俭篇 （20句）	诚信篇 自强篇 勤俭篇 （20句）	明志篇 奉公篇 审势篇 （20句）	明志篇 奉公篇 荣辱篇 （20句）
古诗词	勤学篇 景趣篇 友情篇 （10首）	景趣篇 友情篇 修身篇 （10首）	思乡篇 爱国篇 景趣篇 志向篇 （20首）	景趣篇 节俗篇 节操篇 志向篇 （20首）	爱国篇 思乡篇 勤学篇 友情篇 志向篇 （20首）	景趣篇 思乡篇 思亲篇 爱国篇 （20首）
儒道经典	《三字经》 《弟子规》	《百家姓》 《千字文》	《大学》 《声律启蒙（一东至四支）》	《论语》 （1～5篇）	《论语》 （6～10篇）	《道德经》

	一年级	二年级	三年级	四年级	五年级	六年级
小古文	《夸父逐日》《望梅止渴》《叶公好龙》《刻舟求剑》《亡铁》	《道旁苦李》《陈涉世家（节选）》《郑人买履》《智子疑邻》《狐假虎威》	《买椟还珠》《女娲补天》《陋室铭》《爱莲说》《诗大序（节选）》	《自相矛盾》《马说》《兰亭集序（节选）》《庖丁解牛（节选）》《湖心亭看雪》	《小石潭记》《嗟来之食》《对楚王问（节选）》《曹刿论战（节选）》《鱼我所欲也（节选）》	《师说（节选）》《出师表（节选）》《劝学（节选）》《五柳先生传》《岳阳楼记》
国学小天地	书法、国画、京剧脸谱	书法、国画、武术	书法、国画、对联	书法、国画、民族乐器	书法、国画、灯谜	书法、国画、中国象棋、围棋

　　每册书后设有"国学雏鹰奖章"评价表，结合学习内容、学习目标设计了各级评价表，旨在激发学生诵读《少儿国学读本》的积极性和自觉性。

　　一至三年级的名言、古诗词、古文都加注了拼音，四至六年级的古文《论语》《道德经》加注了拼音。凡遇到在特定的语言环境中要读变调或轻声的字都不注本音，而是注变化了的读音，便于学生认读。

二、各部分的呈现方式与特点

（一）名言

　　名言部分，每册书各精选了20句经典且朗朗上口的名言，六册共120句，按"爱国、好学、教亲、诚信、自强、勤俭、明志、奉公、审势、荣辱"10个主题进行分类，每册选其中的3个主题。每句名言都有出处、注解，便于学生学习。名言学完后，安排了一个互动园地，通过小游戏、小任务的形式让学生写写画画，形式新颖活泼，贴近学生生活。

（二）古诗词

　　一、二年级各精选了10首古诗，三至六年级各编入20首经典诗词，六册共 100 首，按"勤学、景趣、友情、修身、思乡、爱国、志向、节俗、节操、思亲"10 个主题分类编选。每个年级学习其中的 3～5 个主题。每个主题都配有小学生创作的书画作品，结束部分有互动园地，用于巩固所学的内容。所选诗词既有唐诗宋词，又有先秦两汉脍炙人口的诗篇，且不与小学课本中的诗词重复。有些诗中典故较多，兼趣味性和教育性于一体。

（三）儒道经典

根据"懂规则—明事理—悟哲理"的小学生修养目标，精心选择古文内容：低年级诵读《三字经》《弟子规》《百家姓》《千字文》等有关行为规范、史地常识的蒙学名篇；中年级选择了《大学》《论语》等论述世情事理的文章和声韵格律启蒙读物《声律启蒙》；高年级选择了《道德经》这一富含哲理的古文。这 8 部经典除了《论语》与《声律启蒙》是节选外，其他 6 部都是全文呈现，并配有拼音与译文。

（四）小古文

每册书编选了 5 篇小古文，难易程度循序渐进。各年段安排的文章，其字数从少到多，句子从短到长，内容由浅入深。如，低年级学习《叶公好龙》《刻舟求剑》等趣味性强、浅显易懂的古文；中年级学习《陋室铭》《爱莲说》《庖丁解牛》等论述节操和阐明事理的古文；高年级学习《曹刿论战》《劝学》《岳阳楼记》等富含哲理和写景言志的古文。每篇古文内容都包含"原文—作者—注释—译文—图说"五个方面。"图说"通过儿童的画作帮助学生理解文章，也符合小学生的认知特点。

（五）国学小天地

每册书中都安排了书法学习、国画学习板块，内容依据学生年龄特点由浅入深。一至六年级还分别介绍了京剧脸谱、武术、对联、民族乐器、灯谜、中国象棋和围棋等知识。

（六）"国学雏鹰奖章"评价表

各册内容结束后，都附设了"国学雏鹰奖章"评价表，用以考核学生

一学年对读本的掌握情况，由教师、家长、学生自己、伙伴共同参与评价，对完成学习任务的学生给予鼓励表扬，授予"国学雏鹰奖章"。

三、教学中需注意的问题

（一）把握好教学目标

1. 国学课程总教学目标

国学课程从知识、能力、情意和行动四方面制定目标，重在培养学生良好的品德与行为习惯及高尚的情操与文学素养。

（1）知识目标：学习蒙学读本、四书、《道德经》、小古文、古典诗词等，积累优美的语言，储备丰富的国学知识；到小学毕业时，古诗文背诵量达到两万字以上。

（2）能力目标：能将经典名句名段恰当地运用于学习和生活中，提高语言文字的驾驭能力；接受传统文化熏陶，掌握记诵、感悟、涵泳、鉴读等传统文化的学习方法。

（3）情意目标：了解祖国优秀传统文化的基本特点，对国学经典产生熟悉感、亲切感、认同感，在古诗文学习中感受圣贤的智慧、大师的情怀，增强爱国情感和民族自豪感。

（4）行动目标：用国学经典中蕴含的道理指导自己的言行，践行中华传统美德，促进身心和谐发展，形成健全的人格。

2. 每一节课的具体目标

每一节课的具体教学目标一般也从知识、能力、情意和行动四方面制定，但教学内容不同，目标侧重点也不同。比如，在学习蕴含丰富人生道理的文章时，"行动目标"是引导学生联系生活实际感悟道理，而学习常识类诗文或纯粹是表现中国语言文字音韵美的韵文时，"行动目标"则是引导学生欣赏文章的布局谋篇、遣词用句、音韵节奏，并进行仿写或创作。

教学指导用书的教学案例中有具体目标，一般从读背要求、理解句子内涵、明白文段中的道理并在生活中践行等三方面进行确定与表述。

《少儿国学读本》的教学目标是有弹性的，教师可根据本班学生的特点灵活把握，比如，每一节课学习内容的多少、读与悟的时间分配、理解内容的深度与广度、是否需要拓展等，可根据学生课堂表现自行调整。

（二）安排好学习时间

很多学校在国学课程的安排上已摸索出行之有效的方法。如，有的学校采用长短课并设的形式，每天安排十分钟集体诵读，每周安排一节国学课。实践证明，儿童集体诵读的兴趣与热情以及坚持的时间远远超过个人诵读，这种分散时间、日积月累、坚持不懈的方法很有成效，也能让学生体会到成就感。

（三）讲究诵读方法

根据儿童的特点采取活泼多样的诵读方法。集体诵读可以读出很多花样，如，"读"包括范读、引读、领读、小组读、男女对读、接读、配乐读、变换节奏读；"背"则有接龙背、问答背、拍手背、比赛背、你应我和、同桌对背、据主题背、唱游展示、吟诵展示、开火车背等。"开火车背"是学生最喜欢的形式，有"单轨火车"和"双轨火车"，所谓单轨火车就是学生一个接一个地接龙背诵，双轨火车就是同桌两人一起接龙背诵。这种集体诵读，能让全班同学注意力高度集中地沉浸在听、记、背的氛围中，既强化了记忆，又培养了学生上课集中注意力、认真倾听的好习惯，还促进了小组的团结合作。

除了利用每天固定的十分钟时间进行集体诵读外，还可以引导学生充分利用课外时间进行各种形式的诵读。如，课间十分钟同学们三个一群、五个一组地进行名言擂台赛；放学路上和小伙伴你一句我一句地对背；在家里和父母一起读背，等等。

（四）感悟经典内涵

根据小学生的年龄特点，小学国学课建议采用以语言积累为主、理解导行为辅的教学模式（可参考"附录"中"五山小学'三环七步'国学课堂教学模式"），所以，古诗文的学习不需要让学生明白每个字词的意思，只需感悟句段的大意即可。感悟内涵的形式可以活泼多样，如"图文结合明文意""视频动画助理解""经典故事我来说""学思结合懂内涵""联系实践说体会""引经据典学思辨"等。

（五）遵循几个原则

1. 主体性原则

让学生养成每天读背经典的习惯，书中的古诗、古文、名言都配有注释、译文，学生可利用解释自学，不懂的可请教师长，重点应放在学生自己读读背背上。

2. 集体性原则

学生个人读背久了，会有倦怠感，而集体诵读可以营造一个"书声琅琅"的氛围，学生会自然而然地融入这一氛围，利于长期坚持。

3. 激励性原则

教师要不失时机地运用奖励、表扬等手段，或通过各种形式的展示、交流，让学生及时了解自己的诵读进程、成绩，增强学生的自信心，调动其诵读的积极性。

4. 因材施教原则

尊重学生的诵读差异和记忆特点，学习要求不要一刀切。如，三年级的《大学》和六年级的《道德经》都是全篇完整地呈现给学生，但只要求背诵其中的部分章节，教师可鼓励学有余力的学生多读多背。

5. "忽视性"原则

一是不要太在意学生经典诵读的成绩。学生往往会在某个阶段出现进展慢、反复出错或遗忘得快等现象，这些都是学习过程中正常的高原现象，不可指责批评，更不可贪多求快。"无欲速，无见小利。欲速则不达，见小利则大事不成。"二是不要太在意古诗文的内容深度，不要以成人的眼光衡量小学生学习的难易，学生的学习潜力是很大的。

（六）使用好"国学雏鹰奖章"评价表

评价具有激励和导向作用，设计此表是为了提高诵读实验的规范性、严谨性，避免随意性，使师生有明确的学习目标，也有利于激励学生保持诵读的热情。

目　录

四年级

五年级

六年级

一年级

教学建议

教学进度安排（参考）

	周次	教学内容	课时安排
上学期	第1周	名言——爱国主题	1课时
	第2周	名言——好学主题	1课时
	第3周	名言——敦亲主题	1课时
	第4周	《观书有感》《冬夜读书示子聿》	1课时
	第5周	《明日歌》《江南》	1课时
	第6周	《古朗月行》《绝句》	1课时
	第7周	《木瓜》《风》	1课时
	第8周	《子衿》《鹿柴》	1课时
	第9周	《三字经》"人之初，性本善"至"弟于长，宜先知"	1课时
	第10周	《三字经》"首孝弟，次见闻"至"此十义，人所同"	1课时
	第11周	《三字经》"凡训蒙，须讲究"至"考世系，知终始"	1课时
	第12周	《三字经》"自羲农，至黄帝"至"不再传，失统绪"	1课时
	第13周	《三字经》"唐高祖，起义师"至"朝于斯，夕于斯"	1课时
	第14周	《三字经》"昔仲尼，师项橐"至"尔小生，宜立志"	1课时
	第15周	《三字经》"莹八岁，能咏诗"至"戒之哉，宜勉力"	1课时
	第16周	复习。背诵《三字经》：从"人之初，性本善"至"考世系，知终始"；从"昔仲尼，师项橐"至"戒之哉，宜勉力"。	1课时
下学期	第1周	复习名言、古诗及《三字经》	1课时
	第2周	《弟子规》"弟子规，圣人训"至"苟私藏，亲心伤"	1课时
	第3周	《弟子规》"亲所好，力为具"至"事诸兄，如事兄"	1课时
	第4周	《弟子规》"朝起早，夜眠迟"至"勿箕踞，勿摇髀"	1课时
	第5周	《弟子规》"缓揭帘，勿有声"至"人借物，有勿悭"	1课时
	第6周	《弟子规》"凡出言，信为先"至"不关己，莫闲管"	1课时
	第7周	《弟子规》"见人善，即思齐"至"倘掩饰，增一辜"	1课时
	第8周	《弟子规》"凡是人，皆须爱"至"小人进，百事坏"	1课时
	第9周	《弟子规》"不力行，但学文"至"圣与贤，可驯致"	1课时

（续上表）

周次	教学内容	课时安排
第 10 周	小古文《夸父逐日》	1 课时
第 11 周	小古文《望梅止渴》	1 课时
第 12 周	小古文《叶公好龙》	1 课时
第 13 周	小古文《刻舟求剑》《亡铁》	1 课时
第 14 周	国学小天地	1 课时
第 15 周	国学小天地	1 课时
第 16 周	学年评价考核	1 课时

（下学期）

第一部分　名言

《少儿国学读本·一年级》名言部分有"爱国""好学""敦亲"三个主题，精选了 20 句经典名言。每句名言按照"名言—出处—注解"方式呈现。

本册的 20 句名言，有的出自儒家经典著作，有的是著名的楹联，有的是成语，还有的是传诵千古的诗句。其中"爱国"主题的六句名言告诉我们，国家的兴盛衰亡与我们每个人都密切相关，我们要时时关心国家大事，处处以国家和民族大业为重，竭尽自己的忠诚报效国家。"好学"主题的七句名言不仅强调了学习的重要性，还强调要从小珍惜时间多读书，学思结合、勤学好问，才能学到知识和本领。"百善孝为先"，敦亲主题的七句名言告诉我们从小要孝敬父母和养育过自己的亲人，懂得感恩。

三个主题的名言读起来都朗朗上口，建议在教学中以诵读积累为主，每个主题可抓住一两句名言重点讲解，其余的简略讲出名言的大意即可。

建议用 3 个课时完成名言的教学。

名言教学案例

一、教学内容：名言——爱国主题

1. 乐以天下，忧以天下。

2. 尽忠报国。

3. 天下兴亡，匹夫有责。

4. 风声雨声读书声，声声入耳；家事国事天下事，事事关心。

5. 人生自古谁无死，留取丹心照汗青。

6. 先天下之忧而忧，后天下之乐而乐。

二、教材解读

（一）名言简介

1. "乐以天下，忧以天下"出自《孟子·梁惠王下》，充分体现了孟子仁政理论中"与民同乐"的思想。

2. "尽忠报国"这句话在《北史·颜之仪传》《宋史·岳飞列传》中均有出现，也写作"精忠报国"，泛指中华民族正义、忠贞的伟大气节。

3. "天下兴亡，匹夫有责"最早是明朝顾炎武在《日知录·正始》中提出来的，意思是：天下的兴盛或衰亡，每一个老百姓都有义不容辞的责任。这句话是对中华民族爱国精神的高度概括，对增强民族意识，激发爱国热忱起到重要作用。

4. "风声雨声读书声，声声入耳；家事国事天下事，事事关心"是明朝顾宪成为东林书院撰写的一副楹联，上联将读书声和风雨声融为一体，既有诗意，又有深意；下联则有齐家治国平天下的雄心壮志。它强调读书人不仅要读好书，还要关心国家，关心政治，关心天下之事，多用心体会世间百态，以救国为己任。

5. "人生自古谁无死，留取丹心照汗青"出自南宋文天祥的诗作《过零丁洋》。文天祥是南宋大臣，在广东海丰兵败被元军所俘，誓死不屈。这句话充分表达了文天祥慷慨激昂的爱国热情、视死如归的高风亮节和舍生取义的人生观，是中华民族传统美德的集中表现。

6. "先天下之忧而忧，后天下之乐而乐"出自北宋范仲淹的《岳阳楼记》，强调要把国家和民族的利益摆在首位，为祖国的前途、命运分愁担忧，为天下人民的幸福出力。

（二）字句梳理

1. 乐以天下，忧以天下。

释义：把天下老百姓的快乐当作快乐，把天下老百姓的忧愁当作忧愁。

2. 尽忠报国。

释义：为国家竭尽忠诚，牺牲一切。也写作"精忠报国"。

3. 天下兴亡，匹夫有责。

匹夫：古代指平民中的男子，泛指平民百姓。

释义：天下的兴盛或衰亡，每一个老百姓都有义不容辞的责任。

4. 风声雨声读书声，声声入耳；家事国事天下事，事事关心。

释义：风声、雨声、读书声，各种声音都听进耳朵里；家事、国事、天下事，各种事情都要关心。

5. 人生自古谁无死，留取丹心照汗青。

丹心：红心，比喻忠心。汗青：同汗竹，即史册，古代用简写字，先用火烤干其中的水分，干后易写而且不受虫蛀，故称"汗竹"，也称"汗青"。

释义：人生自古以来有谁能够长生不死？我要留一片爱国的丹心映照史册。

6. 先天下之忧而忧，后天下之乐而乐。

释义：在天下人忧愁之前先忧愁，在天下人快乐之后才快乐。

三、教学目标

1. 能够正确、流利地朗读并背诵六句名言。
2. 通过教师讲解，大致理解名言的意思。
3. 初步感受岳飞、文天祥等历史人物的忠贞气节，培养爱国精神。

四、教学过程

（一）导入篇

1. 出示五星红旗图片，看图说话：

我国的国旗是五星红旗。我是中国人，我爱中国。

2. 出示岳母刺字图片，教师讲述岳母刺字的故事，导入新课。

（二）知新篇

1. 了解"国"字的演变过程。

| 甲骨文 | 金文 | 小篆 | 隶书 | 楷书（繁） | 楷书（简） |

2. 出示名言，初读正音。
（1）教师范读，学生认真听，注意听准字音。
（2）教师带读。
（3）学生借助拼音自由读。
（4）指名读，注意读准以下字的字音：兴（xīng）、匹（pǐ）、责（zé）、声（shēng）、事（shì）、死（sǐ）。
（5）齐读。

3. 理解六句名言的大致意思。
（1）观看视频，了解岳飞尽忠报国的故事。
（2）出示《过零丁洋》诗文，讲述文天祥的故事。

> 辛苦遭逢起一经，干戈寥落四周星。
>
> 山河破碎风飘絮，身世浮沉雨打萍。
>
> 惶恐滩头说惶恐，零丁洋里叹零丁。
>
> 人生自古谁无死，留取丹心照汗青。

4. 再读名言，注意读出节奏和韵味。

乐/以天下，忧/以天下。

尽忠/报国。

天下/兴亡，匹夫/有责。

风声/雨声/读书声，声声入耳；家事/国事/天下事，事事关心。

人生/自古/谁无死，留取/丹心/照汗青。

先/天下之忧/而忧，后/天下之乐/而乐。

5. 指导背诵名言。

（1）学生自由练习背诵。

（2）同桌之间互相检查背诵。

（3）提示背诵。

乐以_____，忧以_____。

尽忠_____。

天下兴亡，_____。

人生自古_____，留取丹心_____。

先天下之忧而忧，_____。

风声雨声_____，_____；家事国事_____，_____。

（三）总结篇

1. 小结本节课所学的六句名言。

2. 师生齐诵名言。

五、教学资源

（一）岳飞尽忠报国的故事

北宋末年，金兵入侵，京城开封失陷，当时的宋徽宗和宋钦宗两位皇帝被金兵俘获，被称为"靖康之耻"。岳飞在国难当头之际，立志要收复中原。岳飞的母亲看到国家沦亡，心里十分悲愤，为了教育儿子不忘靖康之耻，特在岳飞的背上用绣花针刺上"尽忠报国"四个字。岳飞带着母亲的重托，率领善战的岳家军英勇杀敌，一直把金兵打到朱仙镇。后来，他被奸臣秦桧所害，以"莫须有"的罪名被杀害了。

（二）歌曲《国家》

一玉口中国，一瓦顶成家。都说国很大，其实一个家。

一心装满国，一手撑起家。家是最小国，国是千万家。

在世界的国，在天地的家。有了强的国，才有富的家。

国的家住在心里，家的国以和蕴立。国是荣誉的毅力，家是幸福的洋溢。

国的每一寸土地，家的每一个足迹。国与家连在一起，创造地球的奇迹。

国是我的国，家是我的家。我爱我的国，我爱我的家。我爱我国家！

第二部分　古诗词

本册教材选编了 10 首古诗，分为勤学、景趣、友情三个主题。每首诗包括诗名、朝代、作者、内容、注释五个方面内容。

勤学主题包括三首古诗，分别是《观书有感》《冬夜读书示子聿》《明日歌》，采用借景喻理、对比等写作手法，告诫人们学习要从小开始努力，不能浪费时间；要全力以赴，不断汲取新知识。

景趣主题包括五首古诗，分别是《江南》《风》《鹿柴》《绝句》《古朗月行》，展示了生机勃勃的莲塘和调皮的鱼儿、风吹来时的各种景象、幽静的空山、春天里香气袭人的花草和可爱的小鸟、儿童眼中的月亮等一道道风景，诗中有画，意境美好。

友情主题包括两首古诗，均出自《诗经》的《国风》，也就是当时的民间歌谣。《木瓜》《子衿》两诗的本意是歌颂爱情，在这里解释为人与人之间的深情厚谊。诗句用排比、反复的修辞手法抒发了对感情的珍惜、对朋友的思念。

针对一年级学生的特点，本册教材选编的 10 首古诗内容浅显、节奏感强，易读易诵，教师在教学时可以选择通过音乐、绘画、故事、游戏等各种方式活跃课堂气氛，寓教于乐，让学生在读读、唱唱、画画、玩玩中读诗文、明诗意，初步感受古诗的意境。

建议用 5 个课时完成古诗教学，每个课时学习两首古诗，选择一首精讲，一首诵读或略讲。10 首古诗都要求能够流利地背诵。

古诗词教学案例

一、教学内容：《古朗月行》

二、教材解读

（一）诗歌简介

《古朗月行》是李白的一首诗。全诗 16 行，课文节选了前 8 行。诗人先用比喻的形式描绘月亮的形和美，而后又以神话传说构建神奇瑰丽的意境。诗句采用幻想与神话故事相结合的手法，表现出儿童天真烂漫的天性，诗中充满了童趣。

（二）诗歌大意

年少时不认识明月，把它叫作白玉盘。
又猜想是仙宫的明镜挂在云头。

月中的仙子垂着双脚，桂树长得多茂盛。
白兔把仙药捣成后，请问谁来把它吃完？

三、教学目标

1. 正确、流利地朗读古诗，背诵古诗。
2. 通过图文了解古诗的大意，想象出月亮的美妙与神奇。
3. 了解我国古代神话故事《玉兔捣药》《吴刚伐桂》。

四、教学过程

（一）温故篇

全班填背诗句：

江南可采莲，＿＿＿＿＿＿＿＿＿＿＿＿＿。
迟日江山丽，＿＿＿＿＿＿＿＿＿＿＿＿＿。
＿＿＿＿＿＿＿＿＿＿＿＿＿，低头思故乡。

（二）知新篇

1. 教师范读古诗。
2. 学生初读古诗。
（1）学生借助拼音自学生字。
（2）初读古诗，随文识记生字。
（3）再读古诗，互评自查，采用多种方式让学生读诗，力求准确、通顺。
3. 图文结合，感悟、理解古诗。
（1）学习第一、二句诗。
①观察、想象、描述图画。（电脑出示：一个小孩在晴朗的夜空里看着一轮圆圆的月亮）
②结合图文理解第一、二句诗。
师：弯弯的月儿像小小的船，圆圆的月亮像什么呢？小李白把月亮叫作什么？请同学们动笔找一找古诗中哪两行诗是描写这幅图的，并在诗句下画线标记。
师：为什么小李白把月亮当成了白玉盘？
③图文对照读第一、二句诗。
（2）学习第三、四句诗。
（多媒体慢慢展现圆圆的月亮中倒映着亭台楼阁，在云中飘动）
过渡：这圆圆的月亮更像什么呢？请同学们在书中标记出描述这幅图的诗句。
①学生观察图画。
②学生标记出古诗中的第三、四句。
③学生结合图画读第三、四句古诗。
（3）学习后四句诗。
师：小时候不知道圆圆的月亮是什么，把它叫作白玉盘，又以为它是梳妆用的镜

子，飞到云上了。这美丽的景色还有着动人的传说，同学们想不想知道呀？

①放《玉兔捣药》《吴刚伐桂》的动画视频。

②师：传说中，月亮里有什么？（仙女嫦娥、小白兔、吴刚、桂花树等）引导学生了解后四句诗的意思。

③师生读后四句诗。

（4）指导朗读整首诗。

①学生根据课件读古诗。

②教师范读，突出停顿和重音。

③学生练读。

（三）致用篇

1. 配乐诵读，想象画面。

2. 画一画你心目中的月亮；用句式"我画了一个（　　　）的月亮"介绍自己的画。

3. 背诵全诗。

（四）布置作业

1. 背诵《古朗月行》给父母听，再和父母一起背诵《绝句》。（必做题）

2. 画一画《绝句》中的画面。（选做题）

五、教学资源

（一）神话故事：玉兔捣药

很久以前，有一对兔子夫妻，他们行善、修行了千年，得道成了仙。他们有四个可爱的女儿，个个都乖巧伶俐。

一天，玉皇大帝召见雄兔仙上天，当他踏着云彩来到南天门时，正好看到太白金星带领天将押着嫦娥从身边走过。

兔仙不知发生了什么事，就问身旁一位看守天门的天神，嫦娥到底犯了什么事。天神便将嫦娥的故事告诉了他。兔仙听了嫦娥的事，想到自己有妻子、孩子，一家幸福美满，而嫦娥却一个人独自在月宫，她一定非常孤单。兔仙很同情嫦娥，就想着要送一只小兔子陪伴在她身边。

回家后，兔仙把嫦娥的遭遇告诉了妻子，说他想送一个孩子去跟嫦娥做伴。妻子听了很为难，她虽然也很同情嫦娥，但又舍不得自己的宝贝孩子。几个女儿也舍不得离开父母，一个个泪流满面。

兔仙语重心长地说道："如果我被孤独地关起来，你们愿意陪伴我吗？嫦娥为了解救百姓，受到牵累，我们能不同情她吗？孩子们，我们不能只想到自己呀！"

孩子们明白了父亲的心，都表示愿意去。雄兔和雌兔眼里含着泪笑了。他们决定让最小的女儿去。

于是小玉兔告别父母和姐姐们，到月宫陪伴嫦娥捣药去了。

少儿国学读本·教学指导用书

8

（二）神话故事：吴刚伐桂

传说月亮里有一棵高五百丈的月桂树。汉朝时有个叫吴刚的人，醉心于仙道却不专心学习，因此神仙震怒，把他带到月宫，令他在月宫伐桂树，并说："如果你砍倒桂树，就可获得仙术。"吴刚便开始伐桂，但他每砍一斧，树的裂口就马上愈合。日复一日，年复一年，吴刚砍倒桂树的愿望仍未达成，只能在月宫中无休无止地砍伐月桂。

（改编自《365夜神话故事》，南京大学出版社2015年版）

（三）配乐演唱《古朗月行》

第三部分　儒道经典

本册的儒道经典是《三字经》和《弟子规》。

《三字经》的作者是宋朝的王应麟。《三字经》是中国古代历史文化的宝贵遗产，是学习中华传统文化不可多得的儿童启蒙读物。它短小精悍，朗朗上口，易记易诵，千百年来，家喻户晓。其内容涵盖了历史、天文、地理、道德以及一些民间传说，是了解古代社会的一本小小的百科全书，学生可以从中学到丰富的知识以及学习的态度和方法，所以说"熟读《三字经》，可知天下事"。

《弟子规》的作者是清朝的李毓秀。《弟子规》全文360句，三字一句，共1080字。它是依据孔子的教诲而编成的生活规范，儒家思想提倡的孝、悌、谨、信、泛爱众、亲仁和余力学文等思想，都在《弟子规》中有明确的要求。全文分为五章，即"总叙""入则孝出则悌""谨而信""泛爱众而亲仁""行有余力则以学文"。

《三字经》和《弟子规》的教学以诵读积累为主，理解运用为辅。通过各种形式的诵读，激发学生的学习兴趣，保持学习热情；理解时，教师可以根据一年级学生的特点挑选部分内容进行精讲，有些内容可进行串讲，帮助学生在教师指导下大致了解文段意思，背诵全文。

建议用16个课时完成这部分内容，8个课时完成《三字经》，8个课时完成《弟子规》。

《三字经》教学案例（一）

一、教学内容

1. 人之初，性本善。性相近，习相远。
2. 苟不教，性乃迁。教之道，贵以专。
3. 昔孟母，择邻处。子不学，断机杼。

4. 窦燕山，有义方。教五子，名俱扬。

5. 养不教，父之过。教不严，师之惰。

6. 子不学，非所宜。幼不学，老何为？

二、教材解读

（一）内容简介

本段内容以"性近习远"为主旨，从不同方面论述"教"和"学"的重要意义。"昔孟母，择邻处。子不学，断机杼。窦燕山，有义方。教五子，名俱扬"讲了"孟母三迁"和"窦燕山教子"两个故事，由此说明环境对一个人的影响是非常重要的。

（二）字句梳理

1. 人之初，性本善。性相近，习相远。

释义：人刚出生的时候，本性是善良的。人的本性虽然相近，但由于所受的教育和所处的环境不同，性情会有很大的变化，性格也会有所不同。

2. 苟不教，性乃迁。教之道，贵以专。

释义：孩子要是不教育，本来善良的天性就会变坏。而教育孩子的方法，最重要的一点就是要专心致志、持之以恒。

3. 昔孟母，择邻处。子不学，断机杼。

释义：古时候孟子的母亲为了让孟子有一个好的学习环境，先后三次搬家。有一次孟子逃学，她为了教育孟子不要半途而废，割断了快要织好的布。

4. 窦燕山，有义方。教五子，名俱扬。

释义：古时候有个叫窦燕山的人，很懂得教育子女的方法。他教导的五个儿子，后来名气都很大。

5. 养不教，父之过。教不严，师之惰。

释义：生养子女却不加以教导，这是做父亲的过失。教导不严格，这是做老师的懒惰。

6. 子不学，非所宜。幼不学，老何为？

释义：孩子不好好学习，是很不应该的。如果小时候不好好学习，长大了能做什么呢？

三、教学目标

1. 正确、流利地诵读全文，通过多种形式的读达到熟读成诵。

2. 通过教师讲解，结合故事视频，了解《孟母三迁》和《五子登科》的故事。

3. 通过了解历史故事，初步理解严格的教育对于成才的重要性。

四、教学过程

（一）导入篇

1. 播放视频《孟母三迁》。
2. 让学生说一说：看完了这个故事，你想说些什么？
3. 教师小结这个故事出自《三字经》，并简单介绍《三字经》。

（二）知新篇

1. 书声琅琅我乐读。
（1）出示学习内容，教师范读，要求学生认真听，听清楚每个字的读音。
（2）教师带读，学生跟读两次。
（3）学生自由练习读。要求：借助拼音把字音读准，把句子读通顺。
（4）出示难读字的字音，小老师带读。

gǒu xī zhù dòu yān duò
苟　昔　杼　窦　燕　惰

（5）学生自由练读。
（6）指导学生多种形式读：师生对读、男女生对读、两大组对读、同桌二人开火车读、拍手读（自己拍手读、和同桌一起拍手读）、配乐读。
2. 学思结合我乐悟。
（1）读注释。学生借助注释简单地了解句子的意思，边读边思考。教师问学生懂了什么内容，根据学生的回答，相机引导学生理解"性相近，习相远"的意思，强调后天学习的重要性。
（2）说意思。教师说句子的大致意思，学生说出原文。
（3）播视频。用《五子登科》的故事，引导学生明白严格的教育是通往成才之路的必然途径。
3. 春吟秋诵我乐背。
（1）学生自由练习背诵。
（2）提示背诵：用填空的方式引导学生背诵这部分内容。
（3）展示背诵：挑战背、个人展示背。
（4）全班齐背。

（三）致用篇

1. 在生活中你是如何尊敬长辈、善待他人的？
2. 在生活中，你的爸爸妈妈是如何教育你学习的？你喜欢他们的方法吗？说说理由。（引导学生选择其中一个谈一谈）

（四）布置作业

1. 把今天学的内容背给爸爸妈妈或者小伙伴听一听。（必做题）

2. 和爸爸妈妈一起查阅有关今天学的《三字经》中的典故，小组合作试着表演。（选做题）

五、教学资源

（一）孟母三迁

孟子是战国时期一位伟大的学问家。孟子小的时候非常调皮，他的妈妈为了让他受到良好的教育，花了很多心血。有一段时间，他们住在墓地旁边。孟子就和邻居的小孩一起学大人跪拜、哭号的样子，玩办理丧事的游戏。孟子的妈妈看到了，皱起眉头："不行，我不能让我的孩子住在这里了！"于是她带着孟子搬到市集旁边去住。到了市集，孟子又和邻居的小孩学起商人做生意的样子，一会儿鞠躬欢迎客人，一会儿招待客人，一会儿和客人讨价还价，表演得像极了！孟子的妈妈知道了，又皱皱眉头："这个地方也不适合我的孩子居住！"于是，他们又搬家了。这一次，他们搬到了学校附近。孟子开始变得守秩序、懂礼貌、喜欢读书。孟子的妈妈这才满意地点着头说："这才是我儿子应该住的地方呀！"孟母三迁成为后世父母重视子女教育的典范，影响至今。

（二）五子登科

窦燕山，即窦禹钧，五代时期蓟州渔阳（今天津蓟县）人，因蓟州地处燕山一带，故他又被称为"窦燕山"。窦禹钧有五个儿子，仪、俨、侃、偁、僖，在其教育培养下相继登科，进士及第，成为国家栋梁之材。长子窦仪，后晋天福年间进士，官至礼部尚书；次子窦俨，后晋天福六年（941）进士，官至礼部侍郎；三子窦侃，后汉乾祐初年进士，官至起居郎；四子窦偁，后汉乾祐二年（949）进士，官至参知政事；五子窦僖，后周广顺初年进士，官至左补阙。窦氏五子，当时被称为"窦氏五龙"，又称"燕山五桂"。诸子进士登第，义风家法，为一时标表。当时的宰相冯道赠诗赞叹，曰："燕山窦十郎，教子有义方。灵椿一株老，丹桂五枝芳。"人们竞相传诵。"五子登科"的成语典故即源于此，寄托了人们望子成龙、金榜题名的愿望。

《三字经》教学案例（二）

一、教学内容

1. 披蒲编，削竹简。彼无书，且知勉。
2. 头悬梁，锥刺股。彼不教，自勤苦。
3. 如囊萤，如映雪。家虽贫，学不辍。
4. 如负薪，如挂角。身虽劳，犹苦卓。

二、教材解读

（一）内容简介

这段内容围绕"勤奋好学"列举了孙敬、苏秦悬梁刺股，车胤、孙康囊萤映雪，朱买臣、李密负薪挂角的故事。通过这些历史人物的事例，说明无论身处何种境况，都应该勤奋刻苦地学习。勤奋刻苦是为学者应该持有的态度。对于文中列举的"头悬梁""锥刺股"的故事，教师要对学生强调这两个故事的主题意义所在，同时也要告诉学生这两种行为切不可模仿。

（二）字句梳理

1. 披蒲编，削竹简。彼无书，且知勉。

释义：汉朝的路温舒家里很穷，把借来的《尚书》写在用蒲草做的席子上学习，公孙弘则把竹子削成片抄写《春秋》。他们虽然很穷，买不起书，但仍努力学习，最终功成名就。

2. 头悬梁，锥刺股。彼不教，自勤苦。

释义：晋朝的孙敬读书时用绳子把头发悬在屋梁上，以免打瞌睡。战国时的苏秦读书累了就用锥子刺自己的大腿提神。他们虽然没有老师督促，但仍然很自觉地发愤学习。

3. 如囊萤，如映雪。家虽贫，学不辍。

释义：晋朝的车胤夜晚读书没有灯油就捉来萤火虫照明，孙康家中夜晚没有灯油就借着雪光读书。他们虽然家里贫穷，但从来没有停止过读书。

4. 如负薪，如挂角。身虽劳，犹苦卓。

释义：汉朝的朱买臣，以砍柴维持生活，每天边担柴边读书。隋朝的李密，放牛时把书挂在牛角上，一边放牛一边读书。他们虽然身体很劳累，但仍在劳苦中努力学习。

三、教学目标

1. 正确、流利地诵读全文，通过多种形式的读达到熟读成诵。
2. 通过教师讲解和视频，了解文中的古人勤奋好学的故事。
3. 懂得每个人都要勤奋好学的道理。

四、教学过程

（一）温故篇

1. 名言对对碰：背一背"好学"主题的名言。

规则：先女同学说上半句，男同学说出下半句；后男同学说上半句，女同学说出下半句。

2. 复习背诵《三字经》学过的内容：接龙背、男女生对背、齐背。

（二）知新篇

1. 书声琅琅我乐读。

（1）出示学习内容，教师范读一次，然后带着学生读两次。

（2）学生自由练习读。要求：借助拼音把字音读准，把句子读通顺。

（3）出示难读字的字音，小老师带读。

xiāo　zhuī　náng　chuò　zhuó
削　　锥　　囊　　辍　　卓

（4）学生自由练读。

（5）指导学生多种形式读：师生对读、男女生对读、两大组对读、同桌二人开火车读、拍手读（自己拍手读、和同桌一起拍手读）、配乐读。

2. 国学故事我乐知。

（1）播放视频。播放"披蒲编，削竹简。头悬梁，锥刺股。如囊萤，如映雪。如负薪，如挂角"八个小故事的视频。

（2）师生小结。

这些故事中的古人，有的没有书读，就借来抄在蒲席上，刻在竹简上，他们虽然很穷，买不起书或没时间读书，但是从来没有放弃努力读书。这就是"彼无书，且知勉"（出示相关内容）。

有的读书困了累了，就头悬梁，锥刺股，他们虽然没有老师的督促，但是很自觉地努力学习。这就是"彼不教，自勤苦"（出示相关内容）。

没有灯油，就抓萤火虫照明，在雪地里借着雪光读书，他们虽然很穷，但是从来没有停止过努力读书。这就是"家虽贫，学不辍"（出示相关内容）。

没有时间读书，就利用砍柴、放牛的空闲时间来读书，他们虽然每天都很辛苦劳累，但是仍然坚持努力学习。这就是"身虽劳，犹苦卓"（出示相关内容）。

他们的故事一直流传到今天，感动了一代又一代人，人们还把一些故事概括成了几个成语（出示三个成语：悬梁刺股、囊萤映雪、负薪挂角，让学生读一读）。

（3）提炼主题。

我们现在的生活水平越来越高，我们坐在这么宽敞明亮的地方上课，在家里也有非常好的学习和生活条件，我们不再需要囊萤映雪、负薪挂角，也不用学悬梁刺股，但是这些故事中体现出来的一种精神是永远值得我们学习的，那就是勤奋学习的精神。

3. 学思结合我乐悟。

（1）结合课件讲述孝女彩金的故事。

在广东省梅州市的一个小山村，有个女孩叫彭彩金，她一直和她的养父母生活在一起。彩金九岁的时候，她的养父母都得了重病，她就坚强地挑起了全家的重担，每天要做很多的家务活，砍柴、种菜、做饭、照顾生病的父母，但是她总会抓紧时间学习。

（2）用今天学习的内容来概括彩金的特点。

彩金一边读书一边干活——身虽劳，犹苦卓

彩金在昏暗的灯光下刻苦读书——家虽贫，学不辍

彩金在灯光下独自发愤学习——彼不教，自勤苦

（3）彩金凭着勤奋好学的精神，考上了华南师范大学。她的故事感动了很多人，还被大家推选为2010年广州亚运会的火炬手。她是我们学习的好榜样。

4．春吟秋诵我乐背。

（1）学生自由练习背诵。

（2）提示背诵：用填空的方式引导学生背诵这部分内容。

（3）展示背诵：挑战背、个人展示背、全班齐背。

（三）致用篇

1．说一说。听了这些古人勤奋好学的故事，谁给你留下的印象最深刻？为什么？

2．夸一夸。在你的身边有这样勤奋好学的人吗？说给我们大家听一听。

（四）布置作业

1．把今天学的内容背给爸爸妈妈或者小伙伴听一听。（必做题）

2．收集关于勤奋好学的名言。（选做题）

五、教学资源

（一）主题故事：囊萤映雪

晋朝的车胤从小好学，但因家贫没钱买灯油晚上读书。一个夏夜，他见萤火虫飞舞的光点在黑暗中很耀眼，于是，他找了一只白绢口袋抓了萤火虫放在里面，扎住袋口吊起来用。从此，只要有萤火虫，他就去抓几只来当作灯用。

晋朝的孙康因为家贫，晚上也不能看书。一天半夜，他醒来时，发现窗缝里透进一丝光亮。原来，那是大雪映出来的。于是他立即穿好衣服，取出书籍，来到屋外，不顾寒冷地看起书来。此后，每逢有雪的晚上，他就不放过这个好机会，孜孜不倦地读书。

（二）推荐阅读：《芝麻讲成语故事之勤奋好学卷》

《弟子规》 教学案例 （一）

一、教学内容

1．弟子规，圣人训。首孝悌，次谨信。

2．泛爱众，而亲仁。有余力，则学文。

3．父母呼，应勿缓；父母命，行勿懒。

4．父母教，须敬听；父母责，须顺承。

5. 冬则温，夏则清，晨则省，昏则定。

6. 出必告，反必面，居有常，业无变。

7. 事虽小，勿擅为，苟擅为，子道亏。

8. 物虽小，勿私藏，苟私藏，亲心伤。

二、教材解读

（一）内容简介

这部分内容是《弟子规》的"总叙"和"入则孝"中的内容。

总叙"弟子规，圣人训。首孝悌，次谨信。泛爱众，而亲仁。有余力，则学文"，概括了《弟子规》的内容框架、源起，以及"孝、悌、谨、信、爱众、亲仁、学文"七个方面的内容。

"父母呼……亲心伤"是"入则孝"中的内容，教导为人子女应如何按照孝道来孝顺父母。

（二）字句梳理

1. 弟子规，圣人训。首孝悌，次谨信。

释义：《弟子规》这本书所说的规范，是圣人的教诲。首先要孝敬父母、友爱兄弟姐妹，其次要谨言慎行、讲求信用。

2. 泛爱众，而亲仁。有余力，则学文。

释义：博爱大众，亲近有仁德的人。有多余的时间和精力，就学习有益的知识。

3. 父母呼，应勿缓；父母命，行勿懒。

释义：父母呼唤，应该及时应答，不要拖延迟缓；父母交代的事情，要立刻动身去做，不可拖延或推辞偷懒。

4. 父母教，须敬听；父母责，须顺承。

释义：父母的教诲，应该恭敬地聆听；做错了事，受到父母的教育和责备时，应当虚心接受，不可强词夺理。

5. 冬则温，夏则清，晨则省，昏则定。

释义：冬天寒冷时提前为父母温暖被窝，夏天酷热时提前帮父母把床铺扇凉。早晨起床后先探望父母，向父母请安，晚上要向父母问好。

6. 出必告，反必面，居有常，业无变。

释义：出门时告诉父母去向，返家后，面告父母报平安。居住有定所，选定的职业或者立定的志向，不要随意改变。

7. 事虽小，勿擅为，苟擅为，子道亏。

释义：不要因为事情小就不告诉父母，也不要擅自做主和行动，如果任性而为，就不合为人子女的道理了。

8. 物虽小，勿私藏，苟私藏，亲心伤。

释义：东西虽小，也不要私自占为己有，如果这样做，父母就一定会伤心。

三、教学目标

1. 正确、流利地朗读《弟子规》片段，通过多种形式达到熟读成诵。
2. 通过教师讲解，结合图片及视频，了解句子大意。
3. 了解古人孝顺父母的故事，从中受到教育。

四、教学过程

（一）导入篇

1. 认识孔子。教师问学生：我国古代有一个人被称为圣人，你们知道他是谁吗？（出示孔子图）我们今天要学的《弟子规》就是根据孔子的训导编写成的。
2. 简单地介绍《弟子规》的作者李毓秀。
3. 出示"弟"的字形演变，讲解"弟"的本义及引申义。

（二）知新篇

1. 书声琅琅我乐读。
（1）出示学习内容，教师范读一次，然后带着学生读两次。
（2）学生自由练习读。要求：借助拼音把字音读准，把句子读通顺。
（3）出示难读字的字音，小老师带读。

| tì | jǐn | huǎn | lǎn | qīng | xǐng | shàn |
| 悌 | 谨 | 缓 | 懒 | 清 | 省 | 擅 |

（4）学生自由练读。
（5）指导学生多种形式读：师生对读、男女生对读、两大组对读、同桌二人开火车读、拍手读（自己拍手读、和同桌一起拍手读）、配乐读。

2. 学思结合我乐悟。
（1）读读注释：学生借助注释简单地了解句子的意思。边读边想，《弟子规》包括哪几个方面的内容？（学生回答，教师加以小结并板书：孝、悌、谨、信、爱众、亲仁、学文）
（2）师生对译：教师说句子的大致意思，学生说出原文。
（3）播放视频：《黄香温席》。
（4）图文结合：用图文结合的方式列举几个与学生生活实际相联系的事例（与孝顺父母有关），让学生说一说这些同学做得对不对。做得对的你会用今天学的《弟子规》中的哪句话夸一夸他，做得不对的你又会用今天学的哪句话劝告他应该怎样做？

3. 春吟秋诵我乐背。
（1）学生自由练习背诵。
（2）提示背诵：用填空的方式引导学生背诵这部分内容。
（3）展示背诵：挑战背、个人展示背、全班齐背。

（三）课堂小结

今天我们一起走进了《弟子规》，通过学习"总叙"知道了《弟子规》这本书主要是讲了"孝、悌、谨、信、爱众、亲仁、学文"这七方面的内容；通过学习"入则孝"中的一些内容，明白了我们平时应该如何孝顺父母。希望同学们都能做孝顺父母的好孩子，记住这样一句名言：百善孝为先。（全班齐读这句名言）

（四）布置作业

1. 把今天学的内容背给爸爸妈妈听。（必做题）
2. 读一读古诗《游子吟》或者故事《鹿乳奉亲》。（选做题）

五、教学资源

（一）主题故事：鹿乳奉亲

周朝时，有一位叫郯子的男子，他从小就很孝顺。他的父母年老的时候，双目均患眼疾，想吃鹿乳。可鹿乳如何取得呢？郯子冥思苦想，终于想出了一个办法。他穿上鹿皮，往深山鹿群中走去，想这样去取得鹿乳供奉双亲，没想到被打猎的人发现。正当猎人举起弓箭要射杀他时，他急忙喊道："我为了取得鹿乳给患有眼疾的双亲吃，才穿上鹿皮，混到鹿群中采取鹿乳。"猎人知道原来是人不是鹿，连忙放下弓箭，同时对他这种孝敬父母的行为赞叹不已。

（二）推荐阅读：《二十四孝图》

《弟子规》 教学案例 （二）

一、教学内容

1. 凡出言，信为先，诈与妄，奚可焉！
2. 话说多，不如少，惟其是，勿佞巧。
3. 刻薄语，秽污词，市井气，切戒之。
4. 见未真，勿轻言，知未的，勿轻传。
5. 事非宜，勿轻诺，苟轻诺，进退错。

二、教材解读

（一）内容简介

本段内容以"凡出言，信为先"为主旨，紧紧围绕人的言语规范展开，从不同的方面强调了说话要实事求是，不能"诈、妄、佞、巧"；"话说多，不如少"是指说话要简洁，要戒除"刻薄、讲秽污词、市井气"的不良语言习惯；说话要谨慎，不轻言轻诺，不随便道人长短。

（二）字句梳理

1. 凡出言，信为先，诈与妄，奚可焉！

释义：凡是开口说话，要把诚信放在第一位。不能欺诈别人，不能说不切实际、虚妄无知的话，欺骗蒙混是绝对不可以的。

2. 话说多，不如少，惟其是，勿佞巧。

释义：讲话太多，不如少说话。要讲得恰当，实事求是，不可花言巧语。

3. 刻薄语，秽污词，市井气，切戒之。

释义：尖酸刻薄的话，污言秽语，阿谀奉承之类的小市民习气，都要彻底戒除。

4. 见未真，勿轻言，知未的，勿轻传。

释义：没有真正看见，就不要轻易说出。所知道的没有经过切实的了解，也不要轻易传出去。

5. 事非宜，勿轻诺，苟轻诺，进退错。

释义：别人要你做的事情不是很合理，就不要轻易许诺，假如轻易许诺，会使自己进退两难。

三、教学目标

1. 正确、流利地朗读全文，并能熟读成诵。
2. 能理解文中对"信"的规范，遵守文中规定的几种说话注意事项。
3. 在生活中树立诚实守信的观念，做诚实的人。

四、教学过程

（一）温故篇

1. 用各种形式复习背诵所学《弟子规》的内容。
2. 复习背诵学过的关于诚信的名言。

（二）知新篇

1. 书声琅琅我乐读。

（1）出示学习内容，教师范读一次，然后带着学生读两次。

（2）学生自由练习读。要求：借助拼音把字音读准，把句子读通顺。

（3）出示难读字的字音，小老师带读。

wàng	xī	yān	nìng	kè	bó	huì	wū	dí	nuò
妄	奚	焉	佞	刻	薄	秽	污	的	诺

（4）学生自由练读（可以自己练习读或找小伙伴一起对读）。

（5）指导学生多种形式读：师生对读、男女生对读、两大组对读、同桌二人开火车读、拍手读（自己拍手读、和同桌一起拍手读）、配乐读。

2. 学思结合我乐悟。

（1）读读注释：学生借助注释简单地了解句子的意思。边读边想，这段话主要

告诉我们什么。（学生回答，教师加以小结并板书：诚信）

（2）字形演变：教师带领学生写一写"信"字，并出示"信"的字形演变过程，让学生明白人言为信，说话一定要把诚信放在第一位。

（3）师生对译：教师说规范，学生说出原文；教师说原文，学生归纳其中包含的语言规范。

（4）播放视频：播放《曾子杀猪》，并让学生谈一谈观看体会。

3. 春吟秋诵我乐背。

（1）学生自由练习背诵。

（2）提示背诵：用填空的方式引导学生背诵这部分内容。

（3）展示背诵：挑战背、个人展示背、全班齐背。

（三）致用篇

1. 夸一夸，劝一劝。

用图文结合的方式列举几个与学生生活实际相联系的事例（与诚信有关），让学生说一说这些行为对不对，做得对的可以用今天学的《弟子规》中的哪句话夸一夸他，做得不对的又可以用今天学的哪句话劝告他。

2. 想一想，说一说。我们怎样才能杜绝生活中的谣言？怎样才能说到做到？

（四）课堂小结

今天我们再次走进《弟子规》，学习了关于"信"的内容，知道了凡是开口说话一定要把诚信放在第一位，在生活中做一个诚实守信的人。

（五）布置作业

1. 把今天学的内容背给爸爸妈妈或者小伙伴听一听。（必做题）

2. 你还听过或读过哪些关于讲信用的小故事？和小伙伴们一起分享，谈一谈你的感受吧。（选做题）

五、教学资源

（一）主题故事：失信丧生

古时候，济阳有个商人过河时船沉了，他大声呼救。有个渔夫听到了呼救声连忙跑过来。商人急忙喊："我是一个有钱人，你如果能救我，给你100两金子。"商人被救上岸之后却不认账了，他只给了渔夫10两金子，还说："你一个打鱼的，一生都挣不了几个钱，突然得了10两金子还不满足吗？"渔夫听了很生气，说他不守信用。商人不以为然。谁知后来那商人又一次在原地翻船了。人们知道"他是个说话不讲信用的人"，都不想理睬他。商人就这样被淹死了。

（二）主题故事：曾子杀猪

曾子的夫人到集市上去，他的儿子哭着闹着要跟着去。母亲对他说："你回去，等我回来杀猪给你吃。"她刚从集市上回来，曾子就马上要去杀猪。夫人阻止他说："我不过是和孩子开玩笑罢了，你居然信以为真了。"曾子说："小孩是不能和他开玩笑的啊！小孩子没有思考和判断能力，等待父母去教他，听从父母的教导。现在你欺骗孩子，就是在教他欺骗别人。母亲欺骗了孩子，孩子就不会相信他的母亲，这不是教育孩子成为正人君子的方法。"于是曾子就杀猪煮肉给孩子吃了。

（三）推荐阅读：《让孩子们心动的故事：播撒诚信种子》

第四部分　小古文

本册教材选编了五篇小古文，以寓言、成语故事为主。分别是《夸父逐日》《望梅止渴》《叶公好龙》《刻舟求剑》和《亡铁》，每篇小古文包含"原文—作者—注释—译文—图说"五个方面的内容。

《夸父逐日》是中国上古时代的神话传说故事，出自《山海经·海外北经》。故事寓意深刻，表现了夸父克服重重困难、与太阳竞跑的英雄气概。

《望梅止渴》出自《世说新语·假谲》（南朝宋刘义庆组织编写）。该成语原意是：梅子味酸，人想吃梅子就会流涎，因而止渴。后比喻愿望无法实现，用空想安慰自己。

《叶公好龙》选自西汉刘向编选的《新序·杂事五》，故事用生动的比喻讽刺了言行不一、口是心非的坏作风。

《刻舟求剑》出自《吕氏春秋·察今》，是一个由寓言故事演化而成的成语。故事讽刺了墨守成规、不会根据现实情况和客观形势采取新措施的人。

《亡铁》出自《列子·说符》，故事人物形象鲜明，情节生动有趣，寓意深刻，告诉我们：凡事都要经过深入细致的调查研究，才能作出正确的判断，切忌主观臆断。

五篇小古文建议安排四个课时完成，其中《夸父逐日》《望梅止渴》《叶公好龙》三篇小古文需要精讲，并要求学生背诵全文。另外两篇小古文只要读通读顺读流利即可。教师也可以自主选择其中三篇小古文精读，各用一个课时。

一
年
级

21

小古文教学案例

一、教学内容:《夸父逐日》

二、教材解读

(一)课文简介

《夸父逐日》是我国最早的神话之一。在这篇神话中,巨人夸父敢于与太阳竞跑,最后口渴而死,他的手杖化为桃林。这个奇妙的神话表现了夸父无比的英雄气概,以及古代劳动人民为追求永恒的生命,不惜作出卓绝奋斗的精神。

(二)字句梳理

1. 夸父与日逐走,入日。

夸父:神话中的巨人,善奔跑,传说是大地之神后土的孙子。走:跑的意思。入日:接近太阳,赶上太阳。

2. 渴,欲得饮,饮于河、渭,河、渭不足,北饮大泽。

河:黄河。渭:渭水。北:方位名词用作状语,向北方,向北面。大泽:神话中的大湖。

3. 未至,道渴而死。弃其杖,化为邓林。

道渴而死:半路上因口渴而死。弃:遗弃。其:他的,指夸父的。邓林:桃林。

(三)课文大意

夸父与太阳竞跑,一直追赶到太阳落下的地方。他感到口渴,想要喝水,就去黄河、渭水喝水,黄河、渭水的水不够,又去北方的大湖喝水。他还没赶到大湖,就在半路上渴死了。他遗弃的手杖,化成了桃林。

三、教学目标

1. 正确、流利、有感情地朗读课文,并能背诵全文。
2. 通过教师讲解,结合视频介绍,了解故事大意。
3. 通过感受夸父这一人物形象,初步体会古代劳动人民探索、征服大自然的愿望和意志,激发学生的探索精神。

四、教学过程

(一)温故篇

出示本册《少儿国学读本》中学过的内容,可以通过小组轮背、男女生对背、全班齐诵等方式复习旧知识。

（二）知新篇

1．激趣导入。

教师出示《夸父逐日》图片，引发学生学习兴趣。

2．熟读课文。

（1）出示学习内容。（带拼音）

（2）范读，正音。

（3）带读，指导断句：夸父/与日/逐走，入日。渴，欲/得饮，饮于/河、渭，河、渭/不足，北/饮/大泽。未至，道/渴而死。弃/其杖，化/为/邓林。

（4）学习生字：夸、逐、渴、欲、渭、泽、弃。

（5）自读，同桌互相正音。

（6）检查学生朗读情况，随机指名学生朗读（读得好的学生可以当小老师带领全班齐读）。

（7）小组合作学习：小组内可以采用多种朗读方式，达到熟读成诵。

3．了解大意。

（1）播放《夸父逐日》视频，提问：故事中出现一个人物，他是谁呢？

（2）夸父口渴了，要喝水，他去哪里喝水呢？

（3）夸父最后追到了太阳吗？

（4）思考，同桌互相交流：你喜欢夸父吗？为什么？

（5）教师小结：夸父是一个有胆量、有决心，目标远大，气魄非凡，意志坚强的英雄人物。

4．故事博引。

（1）出示视频《精卫填海》。

（教师过渡语：五千年的历史孕育了灿烂的中华文化，勤劳智慧的中国人民创造了美丽的神话。今天我们学习的《夸父逐日》是一个神话故事，选自《山海经》。《山海经》里面还保存了包括《女娲补天》《精卫填海》《大禹治水》等有趣的神话故事。下面请同学们观看其中的《精卫填海》的故事）

（2）出示图片：后羿射日、女娲补天、女娲造人、精卫填海、大禹治水、盘古开天地，激发学生主动阅读的兴趣。

（三）致用篇

1．画一画你心目中的夸父，并在四人小组内说一说。

我画了一个_____的夸父。

2．背一背全文。

（四）布置作业

1．将《夸父逐日》的故事讲给父母听。（必做题）

2．读一读《山海经》或者《中国古代神话故事》。（选做题）

五、教学资源

（一）小古文：精卫填海

又北二百里，曰发鸠之山，其上多柘木，有鸟焉，其状如乌，文首，白喙，赤足，名曰"精卫"，其鸣自詨（音同"笑"）。是炎帝之少女，名曰女娃。女娃游于东海，溺而不返，故为精卫，常衔西山之木石，以堙（音同"音"）于东海。漳水出焉，东流注于河。

（选自《山海经》）

（二）推荐阅读：《中国古代神话故事》（王璐编，吉林美术出版社 2016 年版）

内容简介：中国古代神话是中华文化的瑰宝，在世界文化之苑绽放着夺目的光华。本书选取了盘古开天地、女娲造人、夸父追日、羿射九日、嫦娥奔月、八仙过海、牛郎织女、孟姜女哭长城等中国古代经典的神话故事，将其用生动有趣的语言叙述出来，同时以多幅精美插图还原其中神奇的场景和人物，是专门为少年儿童制作的精品神话故事书。

（三）《山海经》介绍

《山海经》是从战国初年到西汉初年经多人写成的一部古书，作者不详。内容主要为民间传说中的地理知识，包括山川、道里、民族、物产、药物、祭祀、巫医等。《山海经》最重要的价值在于它保存了大量的远古神话传说，如夸父逐日、精卫填海、羿射九日、鲧禹治水、共工怒触不周山等。

第五部分　国学小天地

"六艺"（礼、乐、射、御、书、数）是中国古代儒家要求学生掌握的六种基本才能。为了让学生对我国的传统文化有更进一步的了解，我们特意在每册的"国学小天地"部分安排了书法学习、国画学习等板块，还依次介绍了京剧脸谱、武术、对联、民族乐器、灯谜和中国象棋、围棋等。希望通过练习，让学生初步掌握书法、国画等创作技能；通过阅读、游戏，丰富学生的国学知识，拓展学生的知识视野。建议国学小天地用 2 个课时完成。

书　法

中国书法是一门古老的汉字书写艺术，从甲骨文、金文（钟鼎文）演变而为大篆、小篆、隶书，至定型于东汉、魏、晋的草书、楷书、行书等，书法一直散发着艺术魅力，是中国特有的一种传统艺术。至于其他书写形式，如硬笔、指书等，其书写规律与毛笔的书写规律是基本相通的。

书法是指用毛笔书写汉字的方法和规律，包括执笔、运笔、点画、结构、布局（分布、行次、章法）等内容。例如，执笔指实掌虚，五指齐力；运笔中锋铺毫；点画意到笔随，润峭相同；结构以字立形，相安呼应；分布错综复杂，疏密得宜，虚实相生，全章贯气；款识字古款今（款识，指书画作品上的署名后款），字大款小，宁高勿低等。

学习书法可以培养学生的观察力、模仿力、领悟力、创造力，还可以培养一丝不苟、持之以恒的优良品德。本册书法学习的主要内容是甲骨文，可结合语文课进行教学及练习。

国　画

汉族传统绘画形式是用毛笔蘸水、墨、彩作画于绢或纸上，这种画被称为"中国画"，简称"国画"。国画在古代无确定名称，一般称为丹青，主要指的是画在绢、宣纸、帛上，并加以装裱的卷轴画。近现代以来，为区别于西方的油画等外国绘画，才有了"中国画"之称谓。

国画在内容和艺术创作上反映了中华民族的民族意识和审美情趣，体现了古人对自然、社会及与之相关联的政治、哲学、宗教、道德、文艺等方面的认识。国画强调"外师造化，中得心源"，融化物我，创制意境，要求"意存笔先，画尽意在"，达到以形写神，形神兼备，气韵生动。由于书画同源，两者在达意抒情上都强调骨法用笔，因此绘画同书法、篆刻相互影响、相互促进。

国画创作的工具和材料有毛笔、墨、国画颜料、宣纸、绢等，题材可分人物、山水、花鸟等，技法可分工笔和写意，它的精神内核是"笔墨"。本册所学国画内容是水墨画，了解水墨画的运笔方法和基础知识，可结合美术课进行教学及练习。

本年级书法和国画部分分别介绍了甲骨文和国画的用笔、用水和用墨。

书法：了解甲骨文，帮助学生感受汉字笔画的生命色彩，了解中国书法的发展演变历程。

国画：认识国画工具，了解中国画中水与墨的关系。

书法教学案例

一、教学目标

1. 初步了解汉字的演变，了解甲骨文的历史，激发学生对汉字的兴趣。

2. 欣赏甲骨文的文字特点。

3. 培养对祖国语言文字的自豪感。

二、教学重点和难点

甲骨文结体（书法的间架结构）特点及其对称、稳定的格局。

三、学法指导

（一）甲骨文简介

甲骨文是刻在龟甲或兽骨上的文字的通称。在商代，原始宗教主宰着一切，在人们生活中有着十分重要的地位。商朝统治者崇尚巫术和原始宗教，但凡军国大事、生儿育女、气候变化、狩猎、出行等，都要举行占卜以询问吉凶，在这过程中为我们留下了极其重要的文化产品——甲骨文。

甲骨就是占卜时的用具，占卜后把所占事项及卜辞刻记在甲骨上，这些文字就是甲骨文。殷墟甲骨上的刻辞实际上也是当时王室的文书档案。

（二）甲骨文的发现

清光绪二十五年（1899）秋，时任国子监祭酒（相当于中央教育机构的最高长官）的王懿荣（1845—1900）得了疟疾，派人到宣武门外菜市口的达仁堂中药店买回一剂中药。王懿荣无意中看到其中的一味叫龙骨的药品上面刻画着一些符号。龙骨是古代脊椎动物的骨骼，在这种几十万年前的骨头上怎会有刻画的符号呢？这不禁引起他的好奇。对古代金石文字素有研究的王懿荣便仔细端详起来，觉得这不是一般的刻痕，很像古代文字，但其形状又非籀（大篆）非篆（小篆）。为了找到更多的龙骨做深入研究，他派人赶到达仁堂，以每片二两银子的高价，把药店所有刻有符号的龙骨全部买下，后来又通过古董商范维卿等人进行收购，累计收集了1500多片。他对这批龙骨进行仔细研究分析后认为，它们并非什么龙骨，而是几千年前的龟甲和兽骨。他从甲骨上的刻画痕迹逐渐辨识出"雨""日""月""山""水"等字，后又找出商代几位皇帝的名字。由此肯定，这是刻画在兽骨上的古代文字，从此这些刻有古代文字的甲骨在社会各界引起了轰动。

（三）甲骨文的特点

由于甲骨文是契刻文字，为方便契刻而在形体上颇多省简，使其图画性逐渐降低，符号性逐渐增加。又因甲骨文是用刀刻在较硬的兽骨上，而刀有锐有钝，骨有细硬、疏松之分，所成笔画就有粗有细，有方有圆。其同时具有刀刻工具的特点，笔画头尾尖细而且方笔居多，粗细不一，甚至有的纤细如发，笔画的交叉处因剥落而浑厚粗重。"尖利直拙"的笔画给后世书法、篆刻留下了不少用笔、用刀的启示。

结构上，甲骨文字或对称、均衡、严谨规矩，或歪歪斜斜、错错落落，甚至部件移位、随心变形。章法上，大多有纵有横而行列不拘，或错落疏朗，或严整端庄，且因骨片大小和形状不同而异，显露出原始文化古朴而又烂漫的情趣。所以有人认为，中国的书法，严格讲是由甲骨文开始，因为甲骨文已具备书法的三个要素，即用笔、结字、章法。

国画教学案例

一、教学目标

1. 认识文房四宝，了解笔墨纸的性能特点。
2. 体验笔墨的干湿浓淡与宣纸的渗透效果，激发学生对水墨画的兴趣。
3. 养成良好的学习习惯。

二、教学重点和难点

认识水墨画中浓淡干湿的变化，学习不同的用笔方法，学会调出不同层次的墨色。根据水墨游戏的画面进行想象，使作品体现主题性。

三、学法指导

1. 游戏体验，认识变化多端的用笔游戏。体验以不同用笔方法画点和线条，以不同速度从不同方向用笔画点和线。
2. 墨分五色：焦、浓、重、淡、清。
3. 欣赏吴冠中大师作品《梯田》。
4. 小练笔，根据游戏体验的画面进行观察和联想，作出大胆的变化和添画，进一步在水墨游戏中展现个人的独创性。

学年总结与评价建议
（关于"国学雏鹰奖章"）

"国学雏鹰奖章"评价表根据《少儿国学读本》每册学习内容而设计，评价目的在于考查学生一学年的学习情况。评价目标和评价主体多元化，尊重学生的个体差异，全体学生都要达到基本要求，鼓励学有余力的学生对自己设定更高的目标。评价中设置了自己、家长、伙伴、老师四个评价员，只要能完成评价表的学习内容，达到学习目标，均可评为"合格"，从而获得"国学雏鹰奖章"。该评价表旨在让学生体验个人进步的乐趣和达成目标的成就感，进而促进学生自主学习，朝着下一个目标迈进。

"国学雏鹰奖章" 一级评价表

序号	学习内容、目标	评价情况			
		自己评	家长评	伙伴评	老师评
1	熟练背诵本册 20 句名言。				
2	背诵本册 10 首古诗，并说出诗题、作者。				
3	背诵《三字经》全文，其中文段"自羲农，至黄帝"至"朝于斯，夕于斯"只需熟读，不作背诵要求。背诵《弟子规》全文。				
4	熟读本册小古文 5 篇；背诵《夸父逐日》《望梅止渴》《叶公好龙》；其他篇章背诵画线名句。				
5	了解中国书法的特点；了解中国画的特点，学画中国画。				

评价说明：

1. 学习情况由四个人参与评价。
2. 能完成上表中的每项学习内容，即可获得"国学雏鹰奖章"。

"国学雏鹰奖章" 一级达标评价确认表

_____年_____班学生_____在_____年_____月经评价考核，可获取一级"国学雏鹰奖章"。

评价员签名：自己_____   伙伴_____

家长_____   老师_____

大队部盖章

年   月   日

二年级

教学建议

教学进度安排（参考）

	周次	教学内容	课时安排
上学期	第1周	名言——爱国主题	1课时
	第2周	名言——好学主题	1课时
	第3周	名言——敦亲主题	1课时
	第4周	《舟夜书所见》《江南曲（节选）》	1课时
	第5周	《茉莒》《书湖阴先生壁》	1课时
	第6周	《相思》《相鼠》	1课时
	第7周	《惠崇春江晓景》《寻胡隐君》	1课时
	第8周	《别董大》《长歌行》	1课时
	第9周	《百家姓》"赵钱孙李，周吴郑王"至"滕殷罗毕，郝邬安常"	1课时
	第10周	《百家姓》"乐于时傅，皮卞齐康"至"高夏蔡田，樊胡凌霍"	1课时
	第11周	《百家姓》"虞万支柯，昝管卢莫"至"井段富巫，乌焦巴弓"	1课时
	第12周	《百家姓》"牧隗山谷，车侯宓蓬"至"池乔阴郁，胥能苍双"	1课时
	第13周	《百家姓》"闻莘党翟，谭贡劳逄"至"暨居衡步，都耿满弘"	1课时
	第14周	《百家姓》"匡国文寇，广禄阙东"至"游竺权逯，盖益桓公"	1课时
	第15周	《百家姓》"万俟司马，上官欧阳"至"颛孙端木，巫马公西"	1课时
	第16周	《百家姓》"漆雕乐正，壤驷公良"至"第五言福，百家姓终"	1课时
下学期	第1周	《千字文》"天地玄黄，宇宙洪荒"至"化被草木，赖及万方"	1课时
	第2周	《千字文》"盖此身发，四大五常"至"临深履薄，夙兴温清"	1课时
	第3周	《千字文》"似兰斯馨，如松之盛"至"坚持雅操，好爵自縻"	1课时
	第4周	《千字文》"都邑华夏，东西二京"至"奄宅曲阜，微旦孰营"	1课时
	第5周	《千字文》"桓公匡合，济弱扶倾"至"旷远绵邈，岩岫杳冥"	1课时

（续上表）

	周次	教学内容	课时安排
下学期	第6周	《千字文》"治本于农，务兹稼穑"至"欣奏累遣，戚谢欢招"	1课时
	第7周	《千字文》"渠荷的历，园莽抽条"至"矫手顿足，悦豫且康"	1课时
	第8周	《千字文》"嫡后嗣续，祭祀烝尝"至"谓语助者，焉哉乎也"	1课时
	第9周	《陈涉世家（节选）》	1课时
	第10周	《郑人买履》	1课时
	第11周	《智子疑邻》	1课时
	第12周	《道旁苦李》《狐假虎威》	1课时
	第13周	国学小天地	1课时
	第14周	国学小天地	1课时
	第15周	复习名言、古诗、《百家姓》、《千字文》和小古文	1课时
	第16周	期末考核	1课时

第一部分　名言

　　《少儿国学读本·二年级》名言部分有"爱国""好学""敦亲"三个主题，精选了20句经典名言。每句名言按照"名言—出处—注解"方式呈现。

　　我们的幸福来自祖国，只有国家富裕强大，才能使我们幸福的生活之花永放光华。"爱国"的六句名言提醒我们国家是大家的，爱国是每个人的本分，无论身在何处，都不能忘记自己是中华儿女。学习是伴随一个人终生的事情，本册"好学"主题中的七句名言告诉我们，只有掌握正确的学习方法，才能学到真知。"敦亲"的七句名言，用质朴的语言告诉我们，尊老敬老是一种美德，孝敬父母更是我们身为儿女必做的天经地义的事情。

　　三个主题的名言读起来朗朗上口，建议在教学中以诵读积累为主，每个主题可抓住一两句名言重点讲解，其余的粗略讲出名言的大意即可。

　　建议名言部分用3个课时完成。

名言教学案例

一、教学内容：名言——好学主题

1. 学而不思则罔，思而不学则殆。
2. 敏而好学，不耻下问。
3. 学至乎没而后止。
4. 善学者，假人之长以补其短。
5. 博学之，审问之，慎思之，明辨之，笃行之。
6. 盛年不重来，一日难再晨。及时当勉励，岁月不待人。
7. 莫等闲，白了少年头，空悲切。

二、教材解读

（一）名言简介

1. 学而不思则罔，思而不学则殆。

这句话出自《论语·为政》，是孔子所提倡的一种读书及学习方法，精辟地阐述了学习和思考的关系，强调学习与思考是相辅相成的，缺一不可，只有把学习和思考结合起来，才能学到切实有用的真知，否则就会流于形式，收效甚微。

2. 敏而好学，不耻下问。

这句话出自《论语·公冶长》，指天资聪明而又好学的人，不以向地位比自己低、知识比自己少的人请教为耻。强调了"学"和"问"既是一种学习态度，也是一种学习方法。

3. 学至乎没而后止。

这句话出自《荀子·劝学》，意思是学习到生命最后一刻才终止，表达了对待学习的正确态度，也就是人们常说的"学无止境""活到老，学到老"，终身学习。

4. 善学者，假人之长以补其短。

这句话选自《吕氏春秋》，意思是知识无穷尽，一个人要想获得渊博的知识，必须博采众长，向周围的人学习、请教。它强调，我们不仅要好学勤学，更要巧学善学，善于借用别人的长处来弥补自己的短处，这样，自己的学识才会更加充实。

5. 博学之，审问之，慎思之，明辨之，笃行之。

这句话是《礼记·中庸》中关于治学的名句，说的是为学的五个阶段。"博学"是第一阶段，强调为学首先要广泛地猎取知识；"审问"为第二阶段，说的是在学习过程中如有不明就要追问到底；"慎思"是第三阶段，强调要通过自己的思想活动来仔细考察、分析，学为己用；"明辨"为第四阶段，强调学习是越辨越明的，若不辨，学到的知识就会鱼龙混杂、真伪难辨、良莠不分；"笃行"是为学的最后阶段，强调要学以致用，做到"知行合一"。

6. 盛年不重来，一日难再晨。及时当勉励，岁月不待人。

这句名言出自东晋文学家陶渊明的《杂诗八首》之一的最后两句。诗人借这两句话感叹时光荏苒、青春不再，现在常用来勉励人们珍惜光阴、努力学习、奋发向上，做有意义的事情。

7. 莫等闲，白了少年头，空悲切。

这句话出自南宋抗金英雄岳飞所写的《满江红》。意思是说，人不应在年少时虚度青春年华，等到年纪大了，才后悔年轻时没有抓紧时间做有意义的事，表达了作者积极进取的精神。

（二）字句梳理

1. 学而不思则罔，思而不学则殆。

罔：迷惑。殆：在学习上陷入困境。

释义：只读书学习而不思考问题，就会迷惑不解而没有收获；只思考而不读书学习，就会倦怠而无所成就。

2. 敏而好学，不耻下问。

敏：勤勉。好：喜好。耻：羞耻。

释义：天资聪明而好学，不以向地位比自己低、知识比自己少的人请教为羞耻。

3. 学至乎没而后止。

至：到。没：通"殁"，死。止：停止。

释义：学习到生命的最后一刻才算终止。

4. 善学者，假人之长以补其短。

善：善于，擅长。假：借助，借鉴。

释义：善于学习的人，能够借鉴别人的长处来弥补自己的不足。

5. 博学之，审问之，慎思之，明辨之，笃行之。

慎：谨慎。笃：切实地，坚定地。行：行动，做，实行。

释义：要广博地学习，要对学问详细地询问，要慎重地思考，要明白地辨别，要切实地力行。

6. 盛年不重来，一日难再晨。及时当勉励，岁月不待人。

盛年：壮年。及时：趁盛年之时。待：等待。

释义：青春一旦过去便不可能重来，一天之中永远看不到第二次日出。应当趁年富力强之时勉励自己，光阴易逝，岁月可不等人啊！

7. 莫等闲，白了少年头，空悲切。

等闲：轻易，随便。空悲切：白白地、徒劳地痛苦。

释义：莫虚度年华，等到头发白了的时候，只有独自悔恨，悲悲切切。

三、教学目标

1. 能够正确、流利地朗读并背诵"好学"的七句名言。

2. 能够通过教师讲解、借助注释大致理解七句名言的意思。

3. 通过学习七句名言，树立正确的学习态度，掌握恰当的学习方法。

四、教学过程

（一）温故篇

1. 检查"爱国"名言的背诵情况。（个别背诵）

2. 填空练习。

知之为知之，＿＿＿＿＿＿＿＿，是＿＿＿＿＿＿＿＿＿。

学而时习之，＿＿＿＿＿＿＿＿。

三人行，＿＿＿＿＿＿＿。择其善者＿＿＿＿＿，其不善者＿＿＿＿＿。

3. 小结，导入新课。

这些名言告诉我们从小要珍惜时间，好好学习。下面我们将学习一些与学习有关的名言。

（二）知新篇

1. 出示七句名言，初读。

（1）学生借助拼音自由朗读名言，注意读准字音。

（2）同桌互相检查朗读、正音。

（3）出示七句名言中难读的生字词，指名认读。

wǎng dài shèn sī míng biàn dǔ xíng miǎn lì
罔 殆 慎 思 明 辨 笃 行 勉 励

mò
学 至 乎 没 而后止。

（4）指名认读七句名言，正音。

2. 悟意，理解七句名言的意思。

（1）了解"学"字的演变过程。

甲骨文　　金文　　小篆　　隶书　　楷书（繁）楷书（简）

"学"字本义是学校，甲骨文的"学"字下面是房屋，上面的"✗"表示算筹，左右两只手表示合力办学；金文的"学"字在下面加上了"♀"，表示培养学子。

（2）出示注释，指名读，学生结合注释自学理解。

（3）四人为一小组，说说每句名言的意思。

（4）指名说说对名言的理解。

（5）结合视频和故事进一步理解部分名言的含义。

学至乎没而后止（《师旷问学》的故事）。

敏而好学，不耻下问（《不耻下问》的视频故事、《不懂就问》的故事）。

3. 再读名言，读出节奏美和音韵美。

（三）致用篇

1．巩固练习。

（1）找出与下面意思相近的句子或词语（填序号）。

①活到老，学到老。②取长补短。③少壮不努力，老大徒伤悲。

莫等闲，白了少年头，空悲切。（　　　）

学至乎没而后止。（　　　）

善学者，假人之长以补其短。（　　　）

（2）情境说话。

放假了，小明天天在家里看电视、玩游戏。妈妈让他写作业，他总是说有的是时间，明天再写。如果你是小明的妈妈，你会对小明说什么呢？

我会对小明说：_____

2．积累背诵。

学生先自由练习背诵，指名背诵后，再全班齐背。

五、教学资源

（一）师旷问学

师旷是我国春秋时代的著名音乐家。一天，他为晋平公演奏乐曲，忽然听到晋平公叹气说："有很多东西我还不知道，可我现在已70多岁，再想学也太迟了吧！"师旷笑着答道："那您就赶紧点蜡烛啊。"晋平公有些不高兴："你这话是什么意思？求知与点蜡烛有什么关系？答非所问！你不是故意在戏弄我吧？"师旷赶紧解释："我怎敢戏弄大王您啊！只是我听人说，年少时学习，就像走在朝阳下；壮年时学习，犹如在正午的阳光下行走；老年时学习，那便是在夜里点起蜡烛小心前行。烛光虽然微弱，比不上阳光，但总比摸黑强吧。"晋平公听了，点头称是。

（选自《说苑·建本》）

（二）不懂就问

孙中山小的时候在私塾读书。那时候上课，先生从来不讲解书中的意思，只是带着读书，然后让学生背诵下来。

一天，孙中山背完前两天学的功课。先生在他的书上又圈了一段，他读了几遍，很快又背下来了。孙中山想：每天这样糊里糊涂地背，什么意思也不懂，有什么用呢？于是，他站起来问："先生，您能给我讲讲这段话是什么意思吗？"

先生走到孙中山跟前，厉声问道："你会背了？"

孙中山把那段话流利地背了出来。

先生摆摆手让孙中山坐下，说："学问，学问，不懂就问。我原想，书中的道理，你们长大了自然会知道的。现在你们既然想听，我就讲讲吧！"

先生讲得很仔细，大家听得很认真。从此，孙中山养成了不懂就问的学习习惯。

（选自北师大义务教育课程标准实验教科书《语文》第四册）

第二部分　古诗词

本册教材选编了10首古诗，分为"景趣""友情""修身"三个主题。每首诗包括诗名、朝代、作者、内容、注释五个方面的内容。

景趣主题五首，分别是《舟夜书所见》《江南曲（节选）》《苤苢》《书湖阴先生壁》《惠崇春江晓景》，描写了夜晚在船上看见倒映在水中的渔火、日暮时分摇桨归家的惬意、采集车前草时的快乐、乡间住处的洁净清幽、早春江南优美的风景。景中有情，作者的感情流露在字里行间。

友情主题三首，分别是《寻胡隐君》《相思》《别董大》，表达了路途遥远的寻访，刻画即将相见的愉悦，借象征相思的红豆表达深深的牵挂，叹冬日黄昏的离别、互励在困境中奋斗。

修身主题两首，分别是《相鼠》《长歌行》，通过用老鼠与人作对比讽刺行为卑鄙的人，以及借自然界的各种景物鞭策人要珍惜时间、努力向上。

二年级所学的这10首古诗，画面感很强，延续一年级画中有诗的教学策略，除了让学生自己给诗配画，还可以让学生对着画面说说诗意，促进理解。另外，要注重诗歌的美育作用，让学生在各种不同的画面中感悟景色的美、情谊的深、借景抒情的妙，由浅入深感受诗歌的意境。

建议10首古诗共安排5个课时完成。每课时学习两首古诗，教师可以自主选择一首精讲，一首诵读或略讲。10首要求全部背诵。

古诗词教学案例

一、教学内容：《相思》

二、教材解读

（一）诗歌简介

王维的《相思》是一首咏物寄相思的佳作，本诗还题为"江上赠李龟年"，抒发了对友人的怀念之情。而据相关资料记载，天宝之乱后，著名歌者李龟年流落江南，经常为人演唱这首诗，感染了无数听众。这首诗情真意切，意蕴丰富，篇幅短小，读起来朗朗上口。

（二）诗歌大意

红豆树生长在江南，
春天到了，它将生出多少新枝呢？
希望你多采摘一些红豆，

它最能够引起人们的思念之情。

三、教学目标

1. 正确、流利地朗读古诗、背诵古诗。
2. 通过对图片的观察，连贯地讲述图意。
3. 理解古诗内容，感受五言绝句的韵律美，体验诗中所包含的思念之情。

四、教学过程

（一）温故篇

填背诗句：

投我以木瓜，_____。

一日不见，_____。

渡水复渡水，_____。

（二）知新篇

1. 激趣导入。
（1）出示红豆的图片，教师讲解红豆的别名、特点。
（2）师：今天我们就来学一篇写红豆的诗歌。
板书：相思
解题：相思即思念。
2. 初读古诗。
（1）学生自由读诗，借助拼音，读准读通。
（2）读准节奏。

> 红豆/生南国，
> 春来/发几枝。
> 愿君/多采撷，
> 此物/最相思。

（3）多种形式诵读、赛读。
（4）配乐唱诗。
3. 图文结合，感悟、理解古诗。
（1）出示地图（解释：长江以南叫南国，也叫江南），大家找找，红豆生长在什么地方？（红豆生南国）
（2）红豆生长在什么季节？在诗中找一找，读出来。（春来发几枝）
（3）出示图片，引导学生说出：红豆树枝繁叶茂，硕果累累。
（4）看图想象，回答。
①如果你的家乡有这么美的树，你会和好朋友一起去欣赏吗？
②当你离开家乡，离开朋友，会有什么样的情感？（思念）
③如果在你离开家乡之时，选一样东西带走，你会选什么？
④诗人王维就选了红豆，这是为什么呢？诗人这样写：

愿君多采撷，（希望你多采摘一些红豆）

此物最相思。（它最能够引起人们的思念之情）

4．请学生用自己的话说说诗意。

（三）致用篇

1．对故乡和朋友的思念应该用怎样的语调朗读？请几个学生范读，教师点评。

2．全班齐读。

3．背诵全诗。

4．还有哪些关于思念的诗？（《静夜思》《忆江南》《九月九日忆山东兄弟》等）

（四）布置作业

1．背诵《相思》给父母听，再向父母口述诗意。（必做题）

2．查一查关于友情的其他诗歌。（选做题）

五、教学资源

（一）表达思念之情的古诗

杂诗（其二）

（唐）王维

君自故乡来，应知故乡事。

来日绮窗前，寒梅着花未？

回乡偶书

（唐）贺知章

少小离家老大回，乡音无改鬓毛衰。

儿童相见不相识，笑问客从何处来？

九月九日忆山东兄弟

（唐）王维

独在异乡为异客，每逢佳节倍思亲。

遥知兄弟登高处，遍插茱萸少一人。

忆江南（其一）

（唐）白居易

江南好，风景旧曾谙；

日出江花红胜火，

春来江水绿如蓝。

能不忆江南？

（二）《相思》古诗配乐

第三部分　儒道经典

本册读本中的儒道经典是《百家姓》和《千字文》。

中国历史源远流长，孕育了无比精彩的姓氏文化，每个姓氏都是一部精彩的大书。《百家姓》是中国古代流行时间最长、流传最广的幼儿启蒙读物，它是一本关于中国姓氏的书，虽然收录了仅仅几百个姓氏，但每一个姓氏都蕴含着来历和深厚博大的文化内涵。据史书记载，《百家姓》成书于北宋初年（南宋王明清在《玉照新志》中认为是"两浙钱氏有国时小民所著"，即吴越境内一个普通儒生的作品，作者不详），对于中国姓氏文化的传承、中国文字的认识等方面都起了巨大作用。该书收录单姓408个，复姓78个。《百家姓》采用四言体例，对姓氏进行了排列，虽然内容没有文理，但句句押韵，兼具文字简练、内容丰富、韵律感强等特点，读来顺口，易学好记。

《千字文》是南朝梁代周兴嗣所作，用千个汉字勾画出中国文化史的基本轮廓，涵盖天文、地理、哲学、道德、文学、历史等各个方面，熔各种知识于一炉，并以统一的思想贯穿通篇。作品脉络清晰，语言洗练，四字一句，千字成文，通篇用韵，朗朗上口，行文流畅，气势磅礴。《千字文》通篇首尾连贯，音韵谐美，既是一篇四言长诗，也是一部袖珍的百科全书，明代古文大家王世贞称其为"绝妙文章"。

《千字文释义》将《千字文》分为四个部分，称之为四章。第一部分从天地开辟讲起；第二部分重在讲述人的修养标准和原则，也就是修身功夫；第三部分主要讲述与统治有关的各方面内容；第四部分主要描述恬淡的田园生活，赞美了那些甘于寂寞、不为名利羁绊的人们，对民间温馨的人情向往之至。最后还有两句"谓语助者，焉哉乎也"，没有特别含义，将其单列出来。

《千字文》和《三字经》《百家姓》并称为"三百千"，为中国古代三种最基本的启蒙教材。明代理学家吕坤曾说过："初入社学八岁以下者，先读《三字经》以习见闻，读《百家姓》以便日用，读《千字文》以明义理。"

考虑到二年级学生的年龄及认知特点，学习这部分内容以诵读积累为主，在此基础上可以进行识字和传统文化的学习。讲解《百家姓》时可以穿插姓氏文化及名人故事，讲解《千字文》时可以挑选与自然常识、修身处世相关的内容及典故重点讲解。建议用8个课时学习《百家姓》，8个课时学习《千字文》。

《百家姓》　教学案例

一、教学内容

赵钱孙李，周吴郑王。

冯陈褚卫，蒋沈韩杨。

朱秦尤许，何吕施张。

孔曹严华，金魏陶姜。

二、教材解读

（一）内容简介

本节课学习《百家姓》开篇的前四句，这四句话中共有 32 个姓，看似简单，追溯起来都有各自的历史故事。有研究表明，《百家姓》中的姓氏排名并不是按这些姓氏的人口数量排的，据说编纂《百家姓》的儒生是北宋初期浙江钱塘人士，之所以把"赵钱孙李"放在首位，是因为当时宋朝的皇帝姓赵，故把"赵"放在百姓之首；而在宋朝建国之初，尚有在浙江称王的吴越王钱俶，钱俶的正妃姓孙，定都金陵的南唐后主为李煜，所以"钱""孙""李"分别排在第二、三、四位。

（二）字句梳理

【赵】姓氏属地：天水郡，即现在的甘肃省天水市。

来历：赵姓的祖先造父是周穆王的车夫。因为周穆王驾兵车救国有功，周穆王就把赵城赐给他作封地，后来他的子孙就以封地为姓。

历史上赵姓名人有：宋朝开国皇帝赵匡胤和宰相赵普；现代著名作家赵树理等。

【钱】姓氏属地：彭城郡，即现在的江苏省徐州市。

来历：据《通志·氏族略》记载，彭祖的孙子任西周钱府上士。其后代便用这个官职的名称为姓。

历史上钱姓名人有：五代时吴越国创建者钱镠（liú）；元朝画家钱选；现代著名科学家钱三强、钱学森等。

【孙】姓氏属地：太原郡，即现在的山西省太原市。

来历：最早的孙姓来源，是周文王姬昌的第八个儿子姬叔，他的后代惠孙有个孙子叫武仲，武仲为了纪念祖父，就用祖父的字"孙"作为姓氏。

历史上孙姓名人有：春秋时期《孙子兵法》的作者孙武；三国时期建立了吴国的孙权；唐朝的医药家孙思邈；近代伟大的革命先行者孙中山等。

【李】姓氏属地：陇西郡，大致在今甘肃省南部和东南部。

来历：据说颛（zhuān）顼帝的曾孙皋陶是理官，其后人便用官名"理"（音）为姓。后来皋陶的后代理征被纣王杀死，他的妻子带着儿子逃走。一路上他们靠吃李子保住性命，为了报答恩情，便改姓"李"。李姓是我国的大姓之一。

历史上李姓名人有：春秋时期的著名思想家李耳，即老子；开创唐朝的唐太宗李世民；唐朝的著名诗人李白、李商隐；明朝医药学家李时珍；近代有中国共产党创始人之一的李大钊，著名地质学家李四光等。

【周】姓氏属地：汝南郡，今河南省驻马店市汝南县。

来历：出自姬姓，其始祖为周文王姬昌。黄帝的后代后稷姓姬，是周族的始祖。周公东征胜利后，大规模分封诸侯，其中姬姓国就有 53 个。这些姬姓国的后人大多

改以国名、地名及祖父名号为姓氏。公元前256年周被秦国所灭后，有相当一部分周宗室子孙及周朝遗民以周为姓氏。这一支通常被认为是中国周姓来源的主要部分。

历史上周姓名人有：北宋哲学家周敦颐；著名的文学家、革命家、思想家周树人（即鲁迅）；新中国总理周恩来等。

【吴】姓氏属地：延陵，大约在今江苏省常州市、江阴市等吴地沿江一带。

来历：传说吴姓最主要的一支出自姬姓。商朝末期，黄帝后裔古公亶父带领部落在岐山下的周原（今陕西省岐山县一带）定居。他有三个儿子：太伯（又称泰伯）、仲雍和季历，季历的儿子姬昌很有才能，古公想让季历做继承人，那样就可传位给姬昌。太伯为了让位，与仲雍带着家眷远走吴越（今江苏南部）一带，并建立了吴国。

历史上吴姓名人有：唐朝著名的画圣吴道子；明朝《西游记》的作者吴承恩等。

【郑】姓氏属地：荥阳郡，今河南省郑州市惠济区古荥镇。

来历：据说"郑"姓源于姬姓，以国号为姓氏，出自周宣王之弟姬友的封地郑国，远祖为郑桓公。公元前375年，郑国被韩国所灭。郑国灭亡后，国人散居于京（今河南省荥阳市京襄城村）、制（今荥阳市西）、祭（今河南省郑州市东）、陈（今河南省周口市淮阳县）、宋（今河南省商丘市）等地，为纪念故国，郑国人相继改姓为郑，自此，郑姓诞生。

历史上郑姓名人有：明朝著名航海家郑和；明末清初收复台湾的名将郑成功；清朝著名诗人、书画家郑板桥（又名郑燮）。

【王】姓氏属地：太原郡，今山西省太原市区西南部；琅琊郡，今山东省青岛市琅琊镇。

来历："王"姓源出姬姓。传说周灵王之子太子晋，因直谏而被废为平民。他的儿子宗敬仍在朝中任司徒之职，当时的人们因其是王族的后代便称为"王家"，这支族人遂以"王"为姓氏。先秦时期，这支王姓一直活跃于河南洛阳一带。秦末汉初，为避战乱，这支王姓家族分别迁徙至山东琅琊郡、山西太原郡，最终发展成琅琊王氏和太原王氏的两大王姓望族。

历史上王姓名人有：东晋著名书法家王羲之、王献之；唐朝著名诗人王维、王昌龄、王勃；近代国学大师王国维等。

三、教学目标

1. 能够正确、流利地诵读和背诵《百家姓》前四句（从"赵钱孙李"至"金魏陶姜"），掌握难读字"褚""蒋""韩""华""魏"等的读音。

2. 了解以祖先的图腾崇拜物为姓氏、以祖先名字中的字为姓氏、以封地名或国名为姓氏、以职业或官职为姓氏、以山名或河名为姓氏这五种姓氏分类和"赵"姓等个别姓氏的起源典故，感受中国姓氏的丰富内涵。

3. 通过调查、收集了解自己姓氏的起源，激发学生探究姓氏文化的兴趣。

四、教学过程

（一）温故篇

1. 名言我会接。

学而不思则罔，＿＿＿＿＿＿＿＿。　　　以家为家，＿＿＿＿＿＿＿＿。

敏而好学，＿＿＿＿＿＿＿＿＿。　　　盛年不重来，＿＿＿＿＿＿＿。

人固有一死，＿＿＿＿＿＿＿＿。

2. 古文接力诵。（《三字经》中朝代变更片段）

自羲农，至黄帝。号三皇，居上世……至世祖，乃大同。十二世，清祚终。

（二）知新篇

导入：中华民族五千年的历史，历经了一个又一个朝代的更替，也造就了中国特有的姓氏文化。下面我们一起走进《百家姓》，去感受这一文化的奇妙吧！

1. 字正腔圆——知读音。

（1）课件出示学习内容，教师范读。

> 赵钱孙李，周吴郑王。
>
> 冯陈褚卫，蒋沈韩杨。
>
> 朱秦尤许，何吕施张。
>
> 孔曹严华，金魏陶姜。

（2）学生自由读，不会读的字可以借助拼音读。

（3）认读难读字的字音。

chǔ　jiǎng　hán　qín　shī　huà　wèi　táo
褚　　蒋　　韩　　秦　　施　　华　　魏　　陶

（4）指名读四句话。

（5）师生对读、小组接力诵读。

2. 摇头晃脑——读韵律。

（1）快速读，找出这四句话的最后一个字的拼音特点（王、杨、张、姜，押"ang"韵）

（2）变换节奏练读。

①一字一拍：赵/钱/孙/李，周/吴/郑/王……

②两字一拍：赵钱/孙李，周吴/郑王……

③一三节奏：赵/钱孙李，周/吴郑王……

④三一节奏：赵钱孙/李，周吴郑/王……

（3）指名用自己喜欢的节奏拍手读。

（4）自由组合用两种节奏拍手读。

（5）跟音乐吟唱儿歌《百家姓》。

> 赵钱孙李，周吴郑王。
>
> 冯陈褚卫，蒋沈韩杨。

朱秦尤许，何吕施张。

孔曹严华，金魏陶姜。

从小学好《百家姓》，

人人夸我好儿郎。

3．调查研究——明文意。

（1）指名说说已经认识的姓氏。

（2）"赵钱孙李"成为《百家姓》前四姓，是因为《百家姓》形成于北宋吴越钱塘地区，故而宋朝皇帝赵姓、吴越国国王钱姓及其正妃孙姓、南唐国王李姓成为百家姓前四姓。

（3）姓氏的五种分类：

①以祖先的图腾崇拜物为姓氏。例如，熊、马、牛、龙、凤等。

②以祖先名字中的字为姓氏。例如，商朝开国君主姓子，名履字汤，子孙以他的字"汤"为姓氏。

③以封地名或国名为姓氏。例如，夏朝末年，商部落领袖汤率领军队先后攻灭夏的属国葛、韦、顾、昆吾，最后灭掉夏朝。这些国家灭亡后，子孙以国名为姓，分别形成葛、韦、顾、昆吾、夏等姓氏。

④以职业或官职为姓氏。例如，商朝主管祭祀仪式、以赞词告神祈福的官叫"祝"，其后代即姓"祝"。春秋时，周朝有个大夫的两个儿子在晋国任史官，职责是"董督晋史"，称"董"氏。

⑤以山名或河名为姓氏。例如，"姜"姓出于神农氏，相传炎帝神农氏居住在姜水流域。

（4）姓氏的另几种分类：以居住地的方位为姓氏、以谥号为姓氏、帝王赐姓氏、少数民族汉化姓氏。

（5）容易读错的姓氏。例如，华（huà）、区（ōu）、解（xiè）。

（6）同桌交流自己姓氏的故事。

（7）介绍赵姓的来历和赵姓小故事。

①赵姓的来历：

赵姓祖先是造父，他是周穆王的车夫，因功被封在赵城，其子孙就以封地为姓。

②赵姓小故事：

赵匡胤黄袍加身

后周恭帝年幼，不懂得治国安邦，由宰相范质、王溥辅政，但军事大权却掌握在大将赵匡胤手中。

公元960年，赵匡胤奉命去平定边疆战乱。大军走到离京城二十里的陈桥驿时，士兵们在赵匡胤亲信的煽动下情绪高涨，要拥立赵匡胤为帝。将士们冲进赵匡胤的住处，把黄袍披在赵匡胤的身上，并高呼"万岁"。就这样，赵匡胤顺顺利利地当上了皇帝。其实这一切都是赵匡胤和亲信们事先策划好的。被拥立为皇帝的赵匡胤率军回京，轻而易举地夺取了皇位，并改国号为宋。

（三）致用篇

1. 熟读成诵——我乐背。

同学们了解了《百家姓》这么多有趣的知识，对《百家姓》的内容也更有兴趣了吧！下面我们就来背一背《百家姓》的前四句吧。

（1）比赛背：个别背、分组背、男女生对背、师生对背。

（2）全班齐背。

（3）齐唱儿歌《百家姓》。

2. 课后作业。

（1）回家了解自己的姓氏有哪些名人和故事。

（2）调查身边亲戚朋友的姓氏，并记录下来。

五、教学资源

（一）推荐阅读

《百家姓》是中国独有的文化现象，流传至今，影响极深。姓氏文化或谱牒文化是中国文化的重要组成部分。中国人是世界上"寻根意识"最强的族群。《百家姓》在历史的衍化中，为人们寻找宗脉源流，建立血亲意义上的归属感，帮助人们认识传统的血亲情结提供了重要的文本依据。它是中国人认识自我与家族来龙去脉不可缺少的文化文献基础蓝本。2009 年，《百家姓》被中国世界纪录协会收录为中国最早的姓氏书。

百家姓前100名姓氏排名（2010 年版）

李	王	张	刘	陈	杨	赵	黄	周	吴
徐	孙	胡	朱	高	林	何	郭	马	罗
梁	宋	郑	谢	韩	唐	冯	于	董	萧
程	曹	袁	邓	许	傅	沈	曾	彭	吕
苏	卢	蒋	蔡	贾	丁	魏	薛	叶	阎
余	潘	杜	戴	夏	钟	汪	田	任	姜
范	方	石	姚	谭	廖	邹	熊	金	陆
郝	孔	白	崔	康	毛	邱	秦	江	史
顾	侯	邵	孟	龙	万	段	雷	钱	汤
尹	黎	易	常	武	乔	贺	赖	龚	文

（二）百家姓氏的起源

百家姓氏五千年前是一家

中华姓氏的起源，可以追溯到史前时期，那个时候没有文字记载，只能在各种各样的神话传说里摸索。中华民族姓氏文化起源，离不开三皇五帝。我国有 56 个民族，是一个大家族，其中很多民族以三皇五帝为祖先。关于三皇五帝是没有固定说法的，

比如三皇，造房子的有巢氏、钻木取火的燧人氏、捕鱼狩猎的伏羲氏、播种五谷的神农氏、补天造人的女娲氏，这些都是对文明的起始、人群的生存和发展作出根本性贡献的先民。五帝也是说法不一，《史记》记载五帝是黄帝、颛顼、帝喾、尧帝、舜帝。中华姓氏，特别是古老的姓氏，可以追溯至三皇五帝。

上古姓氏非常复杂，姓一般在前面，姓是族号，表示的是血统，最早来自于部落图腾。图腾是原始人群体的亲属、祖先、保护神的标志和象征。在我国的姓氏中，用动植物名称作姓的比较多，这种姓氏都比较古老，例如，熊、虎、华（华通"花"，佛经《妙法莲华经》中"莲华"其实是"莲花"）等。

母系氏族社会以母亲为姓，那时很多姓都是女字旁的，比如，姬、姒、姜、嬴等。

为什么有姓还要有氏呢？随着历史的推移，人们生活水平提高了，人口也越来越多了，同一个姓的子孙不断繁衍，但人多地少，为了生存，于是就分出很多支系，迁到别的地方，迁走的这些支系就叫氏。所以，先有姓，后有氏。

到了周代，宗法制度非常严明，只有贵族可以有姓氏，老百姓则没有。最早的时候，平民无姓无氏，贵族女子有姓无氏，贵族男子有姓有氏。为什么贵族女子要用姓呢？因为同姓的人是有血缘关系的，而同氏的人都是亲戚。姓只有一个，氏可以有很多。所以说姓是用来区别血缘关系的。古代贵族女子姓比氏重要。待嫁的女子往往在自己的姓前面加上"伯、仲、叔、季"，比如，一女子叫伯姬，说明她是姬家的大闺女；一女子叫仲子，说明她是子家的二闺女。女子出嫁以后，那就简单了，冠上配偶的姓或封地的名称就行了，比如，齐姜，就是姓姜的女子，嫁给了一个姓齐的人或者嫁到了一个以齐为氏的地方；秦姬，就是姓姬的女子嫁到秦国去了。

古代贵族男子称氏，不称姓。因为姓可以区别血缘，而氏可以看出贵贱。你是否迁到了一个比较好的地方，从氏可以看出。比如，诸侯以封国为氏。郑文公郑捷，郑是氏，不是姓；齐灵公齐环，齐是氏，环是名。卿大夫比诸侯小一点，一般以居住地来作为自己的氏，比如，屈原，别人一听，就知道你住在"屈"这个地方。除了以地名为氏，还有的人以官名为氏，比如司马。有的人以专业技能为氏，比如，巫的祖先就是做巫师的；陶氏是做陶器的。

战国以后，人们开始以氏为姓，逐渐就姓、氏不分了。汉魏之后，姓氏合一，平民百姓也开始用姓，为了区分同姓，就用名来分，这才有了姓名之说。

所以，百家姓氏五千年前是一家。

（选自钱文忠：《钱文忠解读〈百家姓〉》，江苏文艺出版社2013年版，有删改）

（三）从古人的姓名看有趣的中文

孟姜女：按照先秦的女子称呼，其名在前，即"孟"；其姓在后，即"姜"。"孟"在此处是排行的称谓。在古代的排行中，老大称"孟"或"伯"，老二称"仲"，老三称"叔"，最小的称"季"，孟姜女就是姜家的大闺女。

俞伯牙：俞伯牙是春秋时期著名的音乐家，他姓什么？姓伯。王昕《漫说"三言""二拍"》："'伯'是姓，'牙'是名，或者也写作'雅'；'钟'是姓，'期'是名，'子'是通用的敬称。他们的名字就是伯牙、钟期，而非俞伯牙、钟子期。"说

他"姓俞名瑞，字伯牙"是明末小说家冯梦龙在小说中的杜撰，史志载钟子期为汉阳集贤村人氏，乡民以子期为荣，口耳相传一句俚词："子期遇伯牙，千古传知音。"明代冯梦龙编撰《警世通言》，特意到汉阳探源访佚，由于汉阳话"子期遇伯牙"中的"遇"与"俞"读音相同，都是去声，便把"子期遇伯牙，千古传知音"误听为"子期俞伯牙，千古传知音"。伯牙也就成了冯梦龙笔下的俞伯牙了。

叶公：《叶公好龙》的寓言很多人都学习过，叶公姓什么？姓沈。他叫沈诸梁，因被楚昭王封到古叶邑为尹，故史称叶公。历史上的叶公是一个颇有作为的官吏，他见义勇为，选贤举能，兴修水利，发展农业，为政期间民众口碑极佳。

鲁班：成语"班门弄斧"中的"班"就是指鲁班，鲁班姓什么？姓公输。因为他是鲁国人，名班，所以人们常叫他鲁班。

《千字文》 教学案例 （一）

一、教学内容

1. 天地玄黄，宇宙洪荒。
2. 日月盈昃，辰宿列张。
3. 寒来暑往，秋收冬藏。
4. 闰余成岁，律吕调阳。
5. 云腾致雨，露结为霜。
6. 金生丽水，玉出昆冈。
7. 剑号巨阙，珠称夜光。
8. 果珍李柰，菜重芥姜。
9. 海咸河淡，鳞潜羽翔。

二、教材解读

（一）内容简介

《千字文》分为四部分，本节课教学内容选取了开篇的九句话。《千字文》的第一部分主要讲述了宇宙的诞生、自然万物及人类早期的历史。这几句话从开天辟地讲起，描述了天地、日月、星辰、云雨、霜雾和四时寒暑的变化，然后描述了孕生于大地的金玉、铁器（剑）、珍宝、果品、菜蔬，以及江河湖海、飞鸟游鱼，展现了祖国文化深厚、地大物博、物产丰富的绚彩画卷。

（二）字句梳理

1. 天地玄黄，宇宙洪荒。

洪荒：无边无际、混沌蒙昧的状态，指远古时代。洪：洪大，辽阔。荒：空洞，荒芜。

释义：开天辟地的初期，天是黑色的，地是黄色的，广阔的宇宙是一片混沌蒙昧

的景色。

2. 日月盈昃，辰宿列张。

盈：月光圆满。昃（zè）：太阳西斜。宿（xiù）：中国古代天文学家将天空中某些星的集合体叫作"宿"。

释义：太阳正了又斜，月亮圆了又缺，星辰布满在无边的天空中。

3. 寒来暑往，秋收冬藏。

释义：寒冷的冬天来了，炎热的夏天过去了，秋天收割庄稼，冬天储藏粮食。

4. 闰余成岁，律吕调阳。

闰余成岁：中国古代历法以月亮圆缺变化一次为一个月，十二个月为一年，但人们实际经历的一年（地球绕太阳运行一圈所用的时间）和历法计算的时间之间存在差额，这个时间差额被称为"闰余"。为了解决这个问题，古人每过几年就把积累到一定数量的"闰余"相加，合成"闰月"，插入该年中，有"闰月"的这一年就是"闰年"。闰余：余数。岁：年。

律吕：律管和吕管，中国古代用来校定音律的一种设备，相当于现代的定音器。相传黄帝时乐官伶伦制乐，用律吕以调阴阳。

释义：把每年多余的时间加在一起并成一个月，成为闰年；用六律六吕来核查月份，随时掌握气候的变化。

5. 云腾致雨，露结为霜。

释义：云气上升遇冷就形成了雨，夜晚的露水遇冷就凝结成霜。

6. 金生丽水，玉出昆冈。

丽水：即丽江，又名金沙江，出产黄金。昆冈：昆仑山。

释义：黄金产自金沙江，玉石出在昆仑山。

7. 剑号巨阙，珠称夜光。

巨阙：越王允常命欧冶子铸造了五把宝剑，第一为巨阙，其余依次名为纯钧、湛卢、胜邪、鱼肠，全都锋利无比，而以巨阙为最。

夜光：《搜神记》中记载，隋侯救助了一条受伤的大蛇，后来大蛇衔了一颗珍珠来报答他的恩情，那珍珠夜间放射出的光辉能照亮整个殿堂，因此人称"夜光珠"。

释义：最锋利的宝剑叫"巨阙"，最贵重的明珠叫"夜光"。

8. 果珍李奈，菜重芥姜。

李奈（nài）：两种水果的名称，"李"是李子；"奈"是奈子，俗名花红，又叫沙果。芥姜：芥菜和生姜。

释义：水果里最珍贵的是李子和奈子，蔬菜中最重要的是芥菜和生姜。

9. 海咸河淡，鳞潜羽翔。

鳞：鱼鳞，指鱼。羽：羽毛，指鸟。

释义：海水是咸的，河水是淡的，鱼儿在水中潜游，鸟儿在空中飞翔。

三、教学目标

1. 能够借助拼音正确、流利地朗读《千字文》"天地玄黄，宇宙洪荒"至"海咸河淡，鳞潜羽翔"片段（第一句到第九句），学习认识文中难认的"昃、闰、阙、奈、鳞、潜"等字，并能熟读成诵。

2. 结合注释、图片、故事大致理解所学文段内容，感受"律吕调阳"等优秀传统文化内涵和祖国地大物博、物产丰富的特点。

3. 通过不同形式的诵读感受《千字文》的音韵美。

四、教学过程

（一）温故篇

1. 课前大练兵。

（1）古诗我会背。

指名背诵古诗《舟夜书所见》《江南曲（节选）》《茉莒》。

（2）小组轮背《三字经》。

（3）以开火车的形式同桌两人接龙背《百家姓》。

从"宁仇栾暴"背到"广禄阙东"。

2. 导入新课。

《百家姓》四字一句，并且押韵，读起来朗朗上口。下面我们学习另一篇也是四字一句、讲究押韵的文章《千字文》（板书：千字文），简单介绍《千字文》和作者周兴嗣。

（二）知新篇

1. 字正腔圆——放声读。

（1）教师范读，注意听准字音。

（2）学生自由练读，边读边把难字用方框圈出来，借助拼音把字音读准，把句子读正确。

（3）学习文中难认的字。

①指名汇报文中有哪些难认的字。

②学习难字"昃""宿""闰""阙""奈""芥""姜"。

③认读多音字："宿""藏""重"。

④齐读有难字的短句。

日月盈昃　辰宿列张　剑号巨阙　果珍李奈　菜重芥姜

（4）全班齐读文段。

2. 书声琅琅——音韵美。

（1）学生自由读文段，找出韵脚，并用笔圈出来。

（2）找"ang"韵，并齐读韵脚。

3. 拍手齐诵——有节奏。

（1）说说自己喜欢的拍手节奏有哪些，用喜欢的节奏自由练习拍手读。

（2）指名让学生用自己喜欢的节奏拍手读。

（3）师生一起用"一三节奏"拍手读。

天／地玄黄，宇／宙洪荒。日／月盈昃，辰／宿列张。

寒／来暑往，秋／收冬藏。闰／余成岁，律／吕调阳。

云／腾致雨，露／结为霜。金／生丽水，玉／出昆冈。

剑／号巨阙，珠／称夜光。果／珍李柰，菜／重芥姜。

海／咸河淡，鳞／潜羽翔。

（4）教师可以用波浪线指导学生停顿，这样就容易读出节奏与韵味。

天～地玄黄，宇～宙洪荒。日～月盈昃，辰～宿列张。

寒～来暑往，秋～收冬藏。闰～余成岁，律～吕调阳。

云～腾致雨，露～结为霜。金～生丽水，玉～出昆冈。

剑～号巨阙，珠～称夜光。果～珍李柰，菜～重芥姜。

海～咸河淡，鳞～潜羽翔。

（5）师生一起用"三一节奏"拍手读。

天地玄／黄，宇宙洪／荒。日月盈／昃，辰宿列／张。

寒来暑／往，秋收冬／藏。闰余成／岁，律吕调／阳。

云腾致／雨，露结为／霜。金生丽／水，玉出昆／冈。

剑号巨／阙，珠称夜／光。果珍李／柰，菜重芥／姜。

海咸河／淡，鳞潜羽／翔。

4. 学思结合——悟大意。

（1）学生自读自悟，同桌交流句子大意。

（2）指名说说自己借助注释读懂了哪些知识。教师用图片、视频、故事指导学生理解"律吕调阳""剑号巨阙""珠称夜光""鳞潜羽翔"的意思。（见教学资源）

（3）让学生以图文结合、文白对照的形式，说说文段大意。

小结：《千字文》介绍了天文、自然、地理等方面的知识。（板书：天文　自然　地理）

（三）致用篇

1. 选其中一个四字词来说说你见过的生活中的自然现象（如云腾致雨、海咸河淡等）。

2. 熟读成诵——我乐背。

（1）指导学生自由练习背诵。

（2）同桌互相检查背诵，如果你觉得同桌背得非常好，可以在他（她）书上画颗星表扬他（她）。

（3）开火车形式轮流背。

（4）个人展示背。

（5）全班齐背。

3. 作业。

回家背诵今天的学习片段给家长听。

五、教学资源

（一）《尚书故实》中的"兴嗣白发"

《千字文》的作者是南朝梁代的周兴嗣。当时的梁武帝萧衍一生戎马倥偬（kǒng zǒng），很希望自己的后代能在太平时期多读些书。由于当时尚没有一本合适的启蒙读物，他令一位名叫殷铁石的文学侍从从晋代大书法家王羲之的手迹中拓下一千个各不相干的字，每个字一张纸，然后一字一字地教学，但杂乱难记，不得章法。梁武帝寻思，若是将这一千字编撰成一篇文章，岂不妙哉？于是，他召来自己最信赖的文学侍从周兴嗣，讲了自己的想法，说："卿家才思敏捷，为朕将这一千字编撰成一篇通俗易懂的启蒙读物。"周兴嗣接受任务回到家后，苦思冥想了一整夜，方文思如泉涌，他乐不可支，边吟边书，终将这一千字联串成一篇内涵丰富的四言韵书。

梁武帝读后，拍案叫绝。即令送去刻印，刊之于世。周兴嗣因出色地编撰了《千字文》，深得梁武帝的赞赏。周兴嗣因一夜成书，用脑过度，鬓发皆白。

（二）律吕调阳

黄钟	大吕	太蔟	夹钟	姑洗	仲吕	蕤宾	林钟	夷则	南吕	无射	应钟
十一月	十二月	正月	二月	三月	四月	五月	六月	七月	八月	九月	十月

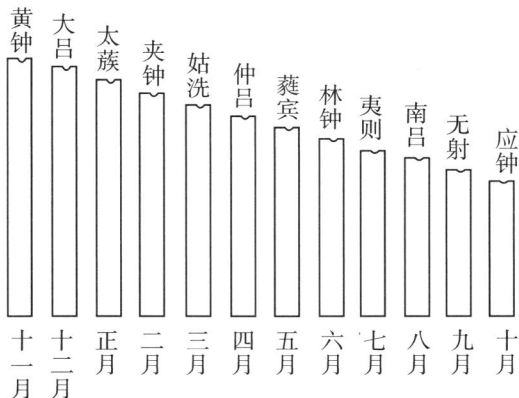

中国古代将一个八度分为十二个不完全相等的半音，从低到高依次排列，每个半音称为一律，十二律分别是黄钟、大吕、太蔟、夹钟、姑洗、仲吕、蕤宾、林钟、夷则、南吕、无射、应钟。其中单数的六个为阳，称六律，双数的六个为阴，称六吕。这里指用律吕来调和阴阳，使时序正常。

到了冬至的时候，一阳生。阳气一生，第一根九寸长叫黄钟的管子里面的灰，自己就飞出来了，同时发出一种"嗡"的声音。这种声音就叫黄钟，节气就是冬至。用这种声音来定调相当于现代音乐的 C 调；同时可以测定节气，了解物候的变化，所以叫作"律吕调阳"。

（三）隋侯珠（夜光珠）

《搜神记》记载，相传隋侯在野外散步时，看见一条浑身受伤的蛇在沙地上打

滚，好心的隋侯为它治伤，待其伤口愈合，便将之放回野外。几天后，隋侯做了一个梦，梦见一个小孩拿着一颗珍珠对隋侯说："我乃龙王之子，感君救命之恩，特来报德。"隋侯再三推辞，最后只好收下。隋侯醒来时，发现枕边果真有一颗珍珠。那颗珍珠夜间发出的光辉能照亮整个殿堂，因此人称其为"夜光珠"。

（四）巨阙剑的传说

《越绝书·外传记宝剑》记载：巨阙是古代名剑，相传为春秋时期铸剑名师欧冶子所铸。巨阙钝而厚重，但坚硬无比，故号"天下至尊"，其他宝剑不敢与之争锋。

传说巨阙剑初成时，越王勾践坐于露台之上，忽见宫中有一马车失控，横冲直奔，惊吓了宫中饲养的白鹿。于是，勾践拔出欧冶子刚铸成之剑，指向暴走中的马车，欲命勇士上前制止。在这拔剑一指之时，手中之剑的剑气却将马车砍为两节。当抛上了半空的车厢坠落在地上时，勾践才发觉是手中宝剑的剑气砍断了马车。于是，勾践又命人取来一个大铁锅，用此剑一刺，便将铁锅刺出了一个碗大的缺口，而且这一剑毫不费力，就好像切米糕一样轻松。因此，勾践便将此剑命名为巨阙。

《千字文》教学案例（二）

一、教学内容

1. 罔谈彼短，靡恃己长。
2. 信使可覆，器欲难量。
3. 墨悲丝染，《诗》赞羔羊。
4. 景行维贤，克念作圣。
5. 德建名立，形端表正。

二、教材解读

（一）内容简介

这五句话选自《千字文》第二部分，意思是不要谈论别人的短处，也不要依仗自己有长处就不思进取，正直廉洁的品德最重要。高尚的德行只能在贤人那里看到，要克制私欲，效仿贤人。抵御了不良环境的影响，养成了良好的道德情操，好名声也就来了，就像形体端正了，仪表也就随之端正了。强调诚实和信用要好到经得住考验，器量和胸怀要大到难以度量。五句话押"ang"韵，读起来朗朗上口，极富音韵美。

（二）字句梳理

1. 罔谈彼短，靡恃己长。

罔（wǎng）：无，不，没有。靡（mǐ）：无，不，没有。恃（shì）：依赖，依仗。

释义：不要谈论别人的短处，也不要依仗自己有长处就不思进取。

2. 信使可覆，器欲难量。

信：诚实。覆：本义是翻转、倾覆，此处引申为核查、检验，指经得起反复验证。器：器量。量：度量。

释义：与别人有约定就要讲信用，一定要诚实，要经得起反复的考验。一个人为人处世，心胸器量要大到让人难以估量才好。

"信使可覆"出自《论语·学而篇》："有子曰：信近于义，言可复也。"这里包括两方面意思，一方面指在许诺别人之前，应该认真考量该不该做，能不能做，然后决定要不要做；另一方面指在许诺别人之后，就应该尽力完成，做到最好。

3. 墨悲丝染，《诗》赞羔羊。

墨：墨子，名翟，鲁国人（一说宋国人），战国初期思想家，墨家学派创始人。他看见匠人把白丝放进染缸里染色，悲叹道："染于苍则苍，染于黄则黄。"强调人要注意抵御不良环境的影响，保持天生的善性。《诗》：《诗经》。羔羊：出自《诗经·召南·羔羊》，原诗为"羔羊之皮，素丝五紽"。通过赞美羔羊毛色的洁白如一，来赞颂君子的"节俭正直，德如羔羊"。

释义：墨子悲叹白丝被染上了杂色，《诗经》赞颂羔羊能始终保持洁白如一。

4. 景行维贤，克念作圣。

景行：崇高光明的德行。语出《诗经·小雅·车辖》："高山仰止，景行行止。"贤：贤德之人。克：克制。念：私欲。

释义：要仰慕圣贤的德行，要克制私欲，努力仿效圣人。

5. 德建名立，形端表正。

德：道德。名：名声。形：形态，形体。表：仪表，外表。

释义：养成了好的道德，就会有好的名声；就如同形体端正了，仪表也就端庄了一样。

三、教学目标

1. 借助拼音，正确、流利地朗读《千字文》片段（从"罔谈彼短，靡恃己长……德建名立，形端表正"），掌握难读字"罔""彼""靡""恃""覆"的读音。

2. 在教师的引导下，结合注释、图片、故事来理解"罔谈彼短，靡恃己长"，"墨悲丝染，《诗》赞羔羊"，"景行维贤，克念作圣"的意思。

3. 懂得做人要诚实守信、正直豁达的道理。

四、教学过程

（一）温故篇

1. 格言对对碰：背一背勤奋好学的格言。

2. 小组轮背《千字文》"天地玄黄……有虞陶唐"。

3. 接龙背《千字文》"吊民伐罪……得能莫忘"。

（二）知新篇

导入：老师要和大家再次走进《千字文》，学习其中的一段话。（出示学习内容，板书：千字文）

> 罔谈彼短，靡恃己长。
>
> 信使可覆，器欲难量。
>
> 墨悲丝染，《诗》赞羔羊。
>
> 景行维贤，克念作圣。
>
> 德建名立，形端表正。

1. 书声琅琅——放声读。

（1）教师范读，要求学生听清楚每一个字的读音。

（2）学生自由轻声读，看着拼音把字音读准。

（3）请几个同学当小老师来带读。

（4）读文中难读的字。

> wǎng bǐ mǐ shì fù liáng
>
> 　罔　　彼　靡　恃　覆　　量

（5）读含有难字的句子。

> 罔谈彼短，靡恃己长。
>
> 信使可覆，器欲难量。

（6）个人展示读，教师随机点评。

（7）全班齐读。

2. 拍手齐诵——有节奏。

（1）指导学生用自己喜欢的节奏自由练习拍手读。

（2）指名拍手读。

（3）全班一起用"一三节奏"拍手读。

> 罔/谈彼短，靡/恃己长。
>
> 信/使可覆，器/欲难量。
>
> 墨/悲丝染，《诗》/赞羔羊。
>
> 景/行维贤，克/念作圣。
>
> 德/建名立，形/端表正。

3. 学思结合——悟大意。

（1）学生自由读注释，同桌二人交流文意。

（2）教师解释难读字的字义。

罔：无，不，没有。彼：他人，别人。靡：无，不，没有。恃：依赖，依仗。
覆：本义是翻转、倾覆，此处引申为核查、检验，指经得起反复验证。

（3）学生汇报交流自己读懂的内容。

（4）找一找第一句中有哪些反义词，圈出来。

> 彼—己　　　短—长

（5）利用《龟兔赛跑》的故事帮助学生理解"罔谈彼短，靡恃己长"的意思。

（6）播放视频故事《墨悲丝染》，指导学生理解"墨悲丝染，《诗》赞羔羊"。

（7）教师介绍这句话的大意。

4. 熟读成诵——我乐背。

（1）指导学生背诵。

（2）学生自由练习背诵，先用自己喜欢的形式背一背，然后和同桌一起背一背。

（3）提示背。

（4）学生个人展示背，男女生比赛背。

（三）致用篇

1. 小结。

今天我们一起再次走进《千字文》，学习了其中的一部分内容，你明白了什么道理？（不要随便说别人的短处，也不要夸耀自己的长处。要做一个诚实守信、心胸宽广的人。要向圣贤之人学习，做有德行的人……）

2. 情境说话。

体育课上，老师教同学们跳绳，你一分钟跳了80多下，而同桌小明学了很长时间都学不会，只能跳几下。小红看见了，偷偷地对你说："你看，小明真笨！跳绳这么简单，他都学不会！我俩比他聪明多了！"你听见了，对她说：_____
_____。

3. 根据意思说出今天学过的内容。

（1）答应别人的事情一定要做到，要做诚实守信的人。（信使可覆）

（2）一个人心胸很宽广，人们常说他"宰相肚里能撑船"。（器欲难量）

五、教学资源

（一）墨悲丝染

子墨子言见染丝者而叹曰："染于苍则苍，染于黄则黄，所入者变，其色亦变，五入而已则为五色矣。故染不可不慎也。非独染丝然也，国亦有染。舜染于许由、伯阳；禹染于皋陶、伯益；汤染于伊尹、仲虺；武王染于太公、周公。此四王者，所染当，故王天下，立为天子，……夏桀染于干辛、推哆；殷纣染于崇侯、恶来；厉王染于厉公长文、荣夷终；幽王染于傅公夷、蔡公谷。此四王者，所染不当，故国残身死，为天下戮。"

（选自《墨子》）

译文：

墨子看见染坊里染丝，把纯白的丝放进染缸里，拿出来就成为五颜六色的了。他感慨地说："放到青色的染缸里就变青色，放到黄色的染缸里就变成黄色，放入的染缸不同，出来的颜色也就不同。若先后放入五种不同颜色的染缸，也会先后变成五种颜色了，所以染丝不能不慎重啊！不但染丝是这样，治理国家也如同染丝一样。舜受

到许由、伯阳的熏染；禹受到皋陶、伯益的熏染；汤受到伊尹、仲虺的熏染；武王受到太公、周公的熏染。这四代君王因为受到好的熏染，所以能治平天下，被拥戴为天子……夏桀受到干辛、推哆的熏染；殷纣受到崇侯、恶来的熏染；厉王受到厉国公长文和荣国夷终的熏染；幽王受到傅国公夷和蔡国公谷的熏染。这四代君王受到坏的熏染，因此国破身亡，被天下人耻笑。"

（二）诗赞羔羊

羔羊之皮，素丝五紽。退食自公，委蛇委蛇。
羔羊之革，素丝五緎。委蛇委蛇，自公退食。
羔羊之缝，素丝五总。委蛇委蛇，退食自公。

（选自《诗经·召南·羔羊》）

《羔羊》为先秦时代的汉族民歌，语言优美自然，采用了白描的手法，描绘了当时在位官员与老百姓和谐相处的画面。"羔羊"为此诗篇之题，也是本诗主旨的代表。《毛诗正义》："《羔羊》，《鹊巢》之功致也。召南之国，化文王之政，在位皆节俭正直，德如羔羊也。"本诗的主旨是赞美有德行之君子。

译文：

羔羊皮袄蓬松松，白色丝带作纽扣。退出公府吃饭去，摇摇摆摆好自得。
羔羊皮袄毛茸茸，白色丝带作纽扣。洋洋自得出公府，回到家里吃饭去。
羔羊皮袄热烘烘，白色丝带作纽扣。洋洋自得出公府，回到家里吃饭去。

第四部分　小古文

本册教材选编了五篇小古文，主要以寓言、人物传记为主。分别是《道旁苦李》《陈涉世家（节选）》《郑人买履》《智子疑邻》《狐假虎威》。每篇小古文包含"原文—作者—注释—译文—图说"五个方面的内容。

《道旁苦李》出自《世说新语·雅量》，南朝宋刘义庆所编撰，故事主要讲王戎小时候不随众去摘路边的李子吃，并告诉众人李子肯定是苦的，说明凡事要善于思考不能只看表面，就不会被事物的表面现象蒙蔽。

《陈涉世家（节选）》选自西汉司马迁所著的《史记》。本册节选的内容是："陈涉少时……燕雀安知鸿鹄之志哉！"写了陈涉年轻时在田里干活，他与一同劳作的人谈论志向的故事。"燕雀安知鸿鹄之志"后来被用于比喻庸俗的人不懂得有志者的远大抱负。

《郑人买履》是一则有名的寓言，出自《韩非子·外储说左上》，战国韩非子著。"郑人买履"已经成为成语，主要说的是郑国的一个人因过于相信"尺度"，因此买不到鞋子的故事。这个故事告诉人们对待事物要会灵活变通、随机应变，不能生搬硬套、墨守成规，否则终将一事无成。

《智子疑邻》是一则有名的寓言，出自《韩非子·说难》。"智子疑邻"已经成为成语，通常用来说明"交浅不可言深"的道理。听别人的意见要选择正确的，而不要看提意见的人与自己的关系如何，对人不可以持偏见态度，应该客观公正、实事求是地评价一个人。

《狐假虎威》出自《战国策·楚策一》，是一则寓言故事，现在已成为成语。故事写了狐狸借老虎之威吓退百兽。后以"狐假虎威"比喻仰仗或倚仗别人的权势来欺压、恐吓人。

五篇小古文共安排4个课时完成，其中《陈涉世家（节选）》《郑人买履》《智子疑邻》三篇小古文需详细解读，并背诵全文。另外两篇小古文只要读通顺、流利即可，并背诵画线的名句。教师也可以自主选择其中三篇小古文精读，各用1个课时。

小古文教学案例

一、教学内容：《道旁苦李》

二、教材解读

（一）课文简介

《道旁苦李》写的是西晋才子王戎小时候的故事。王戎小时候，不随众人去摘路边的李子吃，并告诉众人不摘李子的原因，结果"取之信然"，说明他的推理是正确的。从故事中，我们不难看出王戎看待事物时能够仔细观察，善于动脑筋，认真分析，认真思考，然后根据现象进行推理判断，得出结论"树在道边而多子，此必苦李"。文章告诉我们凡事不能只看表面，要善于思考，这样就不会被事物的表面现象蒙蔽。"道旁苦李"成语便出于此，也作"路边苦李"。

（二）字句梳理

1. 王戎七岁，尝与诸小儿游，看道边李树多子，折枝。

王戎：魏晋时期名士，竹林七贤之一。尝：曾经。诸：众，各。折枝：把树枝压弯了。折：弯曲。

2. 诸儿竞走取之，唯戎不动。

竞：争逐，争着。走：跑。唯：只，仅。

3. 取之信然。

信然：确实这样。

（三）课文大意

王戎七岁的时候，曾和许多小朋友一起玩耍，看见路边上李树结了很多李子，把

树枝都压弯了。那些小朋友都争着跑过去摘李子，只有王戎没有动，别人问他为什么不摘李子吃，他说："树长在路边却还有很多李子，那一定是苦的李子。"众人摘下来一尝，李子果然苦涩得难以入口。

三、教学目标

1. 能流利、正确地熟读课文。
2. 了解文章的大意，背诵课文。
3. 学习王戎善于观察、善于思考的习惯。

四、教学过程

（一）温故篇

1. 复习《三字经》，采取"开双轨火车"的形式，让学生轮流背。出示背诵内容：

莹八岁，能咏诗。泌七岁，能赋棋。彼颖悟，人称奇。尔幼学，当效之。蔡文姬，能辨琴。谢道韫，能咏吟。彼女子，且聪敏。尔男子，当自警。唐刘晏，方七岁。举神童，作正字。彼虽幼，身已仕。尔幼学，勉而致。有为者，亦若是。

2. 背诵《望梅止渴》全文。
3. 谈话导入：我们复习的两个内容都与今天需要学习的新内容有关。八岁的祖莹、七岁的李泌和刘晏都是非常聪明的人，今天我们再去认识一个名叫王戎的七岁小孩，他也很聪明。

（揭题，齐读课题：道旁苦李）

《道旁苦李》这篇文章和我们以前学过的《望梅止渴》一样，都出自《世说新语》这本书。

（二）知新篇

1. 诵读文本，准确流畅。
（1）听教师范读，听读字音。
（2）字词学习：戎（róng）、折枝（zhé zhī）、诸（zhū）、竞（jìng）。
屏幕出示难字，指名让学生当小老师，教大家学会难字。
（3）教师带读全文，学生跟读。
（4）学生初步自读，要求既准确又流畅。
2. 多种形式，读出韵味。
（1）教师指导学生用多种形式诵读，个别读，男女读，小组比赛读。
（2）画出每个句子的停顿及节奏，再次练读。

王戎/七岁，尝与/诸小儿游，看/道边/李树多子，折枝。诸儿/竞走取之，唯/戎不动。人问之，答曰："树在道边/而多子，此必/苦李。"取之/信然。

（3）请同学展示读、挑战读，再全班齐读。
3. 观看视频《王戎识李》。

（1）结合视频，了解文章大意。

（2）同桌结合注释，讲一讲这个故事。

（3）教师出示注释，学生说原文。

（4）学生反复诵读（至少三次）。

（三）致用篇

1．探讨质疑。

（1）（出示图片，创设情境）王戎为什么不摘李子呢？他心里在想什么呢？

（2）王戎是一个怎样的孩子呢？（善于观察、善于动脑、勤于思考）

2．学以致用。

祖莹只有八岁，李泌、刘晏、王戎都只有七岁，你们的年龄和他们差不多，你们有类似的故事吗？

（学生分享成长故事。）

（四）布置作业

1．背诵全文。

2．课后读一读《世说新语》其他的故事。

五、教学资源

（一）《世说新语》介绍

《世说新语》，由南朝宋刘义庆编撰而成，是一部主要记载汉末至刘宋时期士族阶层言行风貌和轶事琐语的笔记小说，包含人物评论、清谈玄言和机智应对等故事。《世说新语》是南北朝时期志人小说的杰出代表，具有"语言简练、词意隽永"的特点，因此著称于世。全书共八卷，分德行、言语、政事、文学、雅量、任诞、汰侈等36个门类，共记载了1 200多个故事，如《咏雪》《杨氏之子》等。

咏　雪

谢太傅寒雪日内集，与儿女讲论文义。俄而雪骤，公欣然曰："白雪纷纷何所似？"兄子胡儿曰："撒盐空中差可拟。"兄女曰："未若柳絮因风起。"公大笑乐。即公大兄无奕女，左将军王凝之妻也。

杨氏之子

梁国杨氏子九岁，甚聪惠。孔君平诣其父，父不在，乃呼儿出。为设果，果有杨梅。孔指以示儿曰："此是君家果。"儿应声答曰："未闻孔雀是夫子家禽。"

（二）古诗文

君知先竭是甘井，我愿得全如苦李。（宋·苏轼《次韵王定国南迁回见寄》）

浮阳愧嘉鱼，道傍多苦李。［宋·黄庭坚《柳闳展如子瞻甥也其才德甚美有意于学故以桃李不言下自成蹊八字作诗赠之》（其二）］

又如道傍李，味苦不堪折。（宋·范成大《次韵葛伯山赡军赠别韵》）

第五部分　国学小天地

本年级书法和国画部分分别介绍了篆书和国画的水墨知识。

书法：了解书法的发展演变历史，感受篆书的线条美、结构美和气韵美。

国画：通过水墨游戏，让学生感受干湿浓淡的水墨意趣。

书法教学案例

一、教学目标

1. 学习和了解篆书艺术发展的过程。

2. 了解篆书字体的笔法特征，感受篆书作品的线条美、结构美和气韵美。

3. 通过学习，培养对书法艺术的兴趣。

二、教学重点和难点

重点：了解篆书发展的历程以及笔画特征。

难点：感受篆书作品的线条美、结构美和气韵美。

三、学法指导

（一）篆书的发展与演变

篆书是大篆和小篆的统称。大篆是周朝时期的文字，广义来说，甲骨文和金文都属于大篆。在周朝，经过了几百年的混乱后，不同的诸侯国发展出了不同的文字，我们可以把它们看成各种大篆。秦始皇统一六国后，为了加强中央集权，推行"车同轨，书同文"，并命李斯等人对文字进行整理，使之统一和规范。李斯对大篆进行去繁就简，之后形成的文字为小篆。小篆几乎完全脱离了图画文字，除了把大篆的形体简化之外，还有了书写线条圆匀、结构统一定型、字形呈纵向长方等特点。小篆是汉字第一次规范化的字体。小篆发展到清代，线条变粗，而且突破了笔画粗细、迟速、顿挫、轻重、方圆的变化。现代汉字就是从小篆演变而来的。

（二）小篆的笔法特点

小篆是在大篆的基础上发展简化而成，笔法简单、字体略长，其结体典雅平和、笔画粗细匀称、圆劲、藏头护尾、不露锋芒，线条十分美观。章法变化，富有图案美。

（三）琅琊刻石

秦始皇二十八年（前219）立。原石在山东诸城琅琊台上，故称"琅琊刻石"，也称秦碑。刻石内容是对大一统事业的赞颂，具有开国纪功的意义，传为李斯所书。秦二世东行郡县时又在石后增刻诏书。因历年风雨剥蚀，现仅存13行，86字。刻石是秦代小篆的代表作，用笔劲秀圆健、结体严谨工整，在书法史上占有重要地位。

国画教学案例

一、教学目标

1．了解水墨画的运笔和用墨方法。

2．学习以水调墨，通过水墨游戏体验笔墨干湿浓淡的奇妙变化以及画面的笔情墨趣。

3．培养学生良好的学习习惯。

二、教学重点和难点

认识水墨画中浓淡干湿的变化，学习不同的用笔方法，学会调出不同层次的墨色。根据水墨游戏的画面进行想象，使作品体现主题性。

三、学法指导

1．游戏体验，认识变化多端的用笔游戏。体验不同的用笔方法画点和线，以及不同的速度从不同方向用笔画点和线。

2．墨分五色：焦、浓、重、淡、清。

3．欣赏吴冠中大师作品《梯田》。

4．小练笔，根据游戏体验的画面进行观察和联想，作出大胆的变化和添画，进一步在水墨游戏中变现个人的独创性。

59

学年总结与评价建议
（关于"国学雏鹰奖章"）

"国学雏鹰奖章"评价表根据《少儿国学读本》每册学习内容而设计，评价目的在于考查学生一学年的学习情况。评价目标和评价主体多元化，尊重学生的个体差异，全体学生都要达到基本要求，鼓励学有余力的学生对自己设定更高的目标。评价

中设置了自己、家长、伙伴、老师四个评价员，只要能完成评价表的学习内容，达到学习目标，均可评为"合格"，从而获得"国学雏鹰奖章"。该评价表旨在让学生体验个人进步的乐趣和达成目标的成就感，进而促进学生自主学习，朝着下一个目标迈进。

"国学雏鹰奖章"二级评价表

序号	学习内容、目标	评价情况			
		自己评	家长评	伙伴评	老师评
1	熟练背诵本册 20 句名言。				
2	背诵本册 10 首古诗，并说出诗题、作者。				
3	熟读《百家姓》全文；背诵《千字文》全文。				
4	熟读本册小古文 5 篇。背诵《陈涉世家（节选）》《郑人买履》《智子疑邻》，其他篇章背诵画线的名句。				
5	了解中国书法特点；了解中国画特点，学画中国画。				

评价说明：

1. 学习情况由四个人参与评价。
2. 能完成上表中的每项学习内容，即可获得"国学雏鹰奖章"。

"国学雏鹰奖章"二级达标评价确认表

_____年_____班学生_____在_____年_____月经评价考核，可获取一级"国学雏鹰奖章"。

评价员签名：自己_____　　伙伴_____

家长_____　　老师_____

大队部盖章

年　　月　　日

三年级

教学建议

教学进度安排（参考）

	周次	教学内容	课时安排
上学期	第 1 周	名言——诚信主题	1 课时
	第 2 周	名言——自强主题	1 课时
	第 3 周	名言——勤俭主题	1 课时
	第 4 周	《关山月》《渡汉江》	1 课时
	第 5 周	《击鼓》《示儿》	1 课时
	第 6 周	《无衣》《夏日绝句》	1 课时
	第 7 周	《短歌行》《江南春》	1 课时
	第 8 周	《步出夏门行·观沧海》《晓出净慈寺送林子方》	1 课时
	第 9 周	通读《声律启蒙》	1 课时
	第 10 周	《声律启蒙》一东	1 课时
	第 11 周	《声律启蒙》二冬	1 课时
	第 12 周	《声律启蒙》三江	1 课时
	第 13 周	《声律启蒙》四支	1 课时
	第 14 周	《大学》——开篇第一段	1 课时
	第 15 周	《大学》——"古之欲明明德于天下者"至"未之有也"	1 课时
	第 16 周	《大学》——"《康诰》曰：'克明德'"至"君子无所不用其极"	1 课时
下学期	第 1 周	《大学》——"《诗》云：'邦畿千里'"至"此谓知本"	1 课时
	第 2 周	《大学》——"所谓致知在格物者"至"此谓知之至也"	1 课时
	第 3 周	《大学》——"所谓诚其意者"至"故君子必诚其意"	1 课时
	第 4 周	《大学》——"所谓修身在正其心者"至"此谓修身在正其心"	1 课时
	第 5 周	《大学》——"所谓治国必先齐其家者"至"此谓治国在齐其家"	1 课时
	第 6 周	《大学》——"所谓平天下在治其国者"至"亦悖而出"	1 课时
	第 7 周	《大学》——"《康诰》曰：'惟命不于常'"至"以义为利也"	1 课时

	周次	教学内容	课时安排
下学期	第 8 周	复习《大学》并背诵"大学之道"至"是以君子有絜矩之道也"	1 课时
	第 9 周	《陋室铭》	1 课时
	第 10 周	《爱莲说》	1 课时
	第 11 周	《诗大序（节选）》	1 课时
	第 12 周	《买椟还珠》《女娲补天》	1 课时
	第 13 周	国学小天地	1 课时
	第 14 周	国学小天地	1 课时
	第 15 周	期末复习名言、诗词、《大学》、《声律启蒙》、小古文	1 课时
	第 16 周	期末考核	1 课时

第一部分　名言

　　《少儿国学读本·三年级》名言部分以"诚信""自强""勤俭"为主题，精选了 20 句经典名言，每句名言正文按照"名言—出处—注解"方式呈现。

　　诚信是中华民族的传统美德，"诚"就是真诚、诚实，"信"是指守信、讲信用、信任。诚信篇中的七句名言告诉我们诚信是做人的基本道德准则，也是源源不断的财富，取之不尽、用之不竭的智慧，我们应该从小养成诚实守信的好习惯。

　　自强是人的美好品德，是我们健康成长，努力学习，将来成就事业的强大动力。本册自强主题中的七句名言展示了我们民族几千年来熔铸的民族精神，鼓励我们无论身处何种环境，都要坚定信心、磨炼意志、战胜挫折、自强不息。

　　俗话说"奉公以勤""俭以养德"，中华民族向来以勤劳勇敢、吃苦耐劳而著称于世，勤俭篇中的六句名言告诉我们：勤俭节约不仅仅能积累财富，还能培养艰苦创业的精神和奋发向上的品质，它不仅仅是一种美德，更是一种必不可少的职责。

　　三个主题中的 20 句名言既包含深刻的哲理，读起来又具有极强的音韵美，根据中年级学生的认知发展特点，建议在教学中将诵读积累与理解运用相结合，学习过程中重在读通、读顺，以读带讲、以读助悟、以读促学、熟读成诵，理解运用时可借助文白对照、经典故事等多种资源加以理解，并可以创设情景引导学生联系生活实际加以运用。

　　建议用 3 个课时完成名言的教学。

名言教学案例

一、教学内容：名言——诚信主题

1. 一诺千金。
2. 言必信，行必果。
3. 一言既出，驷马难追。
4. 人而无信，不知其可也。
5. 不精不诚，不能动人。
6. 与朋友交，言而有信。
7. 吾日三省吾身：为人谋而不忠乎？与朋友交而不信乎？传不习乎？

二、教材解读

（一）名言简介

1. 一诺千金。

此语出自西汉司马迁所著《史记·季布栾布列传》："得黄金百斤，不如得季布一诺。"也说千金一诺。

2. 言必信，行必果。

此句出自《论语·子路》。

3. 一言既出，驷马难追。

这句话最早出自《论语·颜渊》："夫子之说君子也，驷不及舌。"《邓析子·转辞》中也有"一言而非，驷马不能追；一言而急，驷马不能及"。后被《增广贤文》收录，意指一个人一旦对别人作出了承诺，无论遇到多大的困难，都要努力兑现。这是对信守承诺的一种形象说法。

4. 人而无信，不知其可也。

此句出自《论语·为政》，告诉我们人不可以不讲信用。为人必须做到言而有信，才能取信于人，才能在这个世界生存。

5. 不精不诚，不能动人。

此句出自《庄子·渔父》，这句话劝告人们，要以真诚待人，表里如一，不可虚伪，正如俗语所说的"精诚所至，金石为开"。

6. 与朋友交，言而有信。

此句出自《论语·学而》，强调与人交往要守信用，才能得到别人的信赖。

7. 吾日三省吾身：为人谋而不忠乎？与朋友交而不信乎？传不习乎？

此句出自《论语·学而》，这是孔子的学生曾子的话，他提出"吾日三省吾身"的修养方法，主张通过反省自己的言行，达到"忠""信"的理想境界。

（二）字句梳理

1．一诺千金。

诺：许诺，承诺。

释义：一个承诺有千两黄金的价值。比喻说话算数，极有信用。

2．言必信，行必果。

信：守信用。果：有结果。

释义：说了话，一定守信用，确定了要干什么事，一定要坚决、果断地干下去。

3．一言既出，驷马难追。

既：已经。驷马：古代同驾一辆车的四匹马，或套着四匹马的车。

释义：一句话说出了口，就是套上四匹骏马拉的车也难追回。指话说出口，就不能再收回，一定要算数。

4．人而无信，不知其可也。

信：信用。其：那。可：可以，行。

释义：一个人不讲信用，不知道他怎么可以立身处世。即人不讲信用是不行的。

5．不精不诚，不能动人。

释义：不真诚就不能打动别人。

6．与朋友交，言而有信。

释义：与朋友交往，说话要诚实，恪守信用。

7．吾日三省吾身：为人谋而不忠乎？与朋友交而不信乎？传不习乎？

省：检查，反省。忠：忠诚，指对人应当尽心竭力，一心一意。信：诚实。传：传授，这里指老师传授给学生的知识。习：指反复学习。

释义：我每天多次反省自己：替别人做事有没有尽心竭力？和朋友交往有没有诚实守信？老师传授的知识有没有按时温习？

三、教学目标

1．能够正确、流利地朗读关于诚信的七句名言，并熟读成诵。

2．能够借助注释和教师的讲解理解七句名言的意思，了解季布、信义兄弟等人的诚信事迹。

3．懂得诚信是中华民族的传统美德，是一个人的立身之本，要从小做诚实守信的人。

四、教学过程

（一）温故篇

1．课前大练兵。

（1）古诗大比拼（以小组为单位背诵一年级背过的古诗）。

（2）以"开火车"的形式背诵一年级爱国主题的名言。

（3）经典我会接。

凡出言，_____，诈与妄，_____。

见未真，_____，知未的，_____。

曰仁义，_____。此五常，_____。

2. 小结导入：刚才我们背诵的经典都与诚实守信有关，今天我们就来学习有关诚信主题的七句名言。

（二）知新篇

1. 了解"诚""信"二字意义。

（1）课件出示"诚""信"，引导学生口头组词。

教师问学生："诚"让你想到哪些词？（学生可能会回答：真诚、诚实、诚恳、诚信……）

教师再问："信"可以组什么词呢？（信用、守信、诚信……）

（2）课件出示"真诚""诚实""信用""守信"等词，指导学生齐读。

（3）教师小结：中华民族自古以来都有诚实、守信的美德。诚信也是做人的基本准则。

2. 出示诚信主题的七句名言，学生初读。

（1）学生借助拼音自由朗读，注意读准字音，把句子读通顺。

（2）指名读，集体正音：诺（nuò）、驷（sì）、省（xǐng）。

（3）全班齐读。

3. 理解名言的意思。

（1）借助注释，同桌合作理解每句话的意思。

（2）指名说说自己读懂了哪句话的意思。

（3）难句解析。

吾日三省吾身：为人谋而不忠乎？与朋友交而不信乎？传不习乎？

省：检查、反省。忠：忠诚，指对人应当尽心竭力，一心一意。信：诚实。传：传授，这里指老师传授给学生的知识。习：指反复学习。

释义：我每天多次反省自己：替别人做事有没有尽心竭力？和朋友交往有没有诚实守信？老师传授的知识有没有按时温习？

4. 再读名言，要求读出节奏和韵味。

（1）全班齐读。

（2）男女生对读。

5. 了解有关诚信的事例。

（1）观看视频故事《曾子杀猪》。

（2）阅读故事《一诺千金》。（见教学资源）

（3）观看2010年感动中国人物颁奖视频片段《信义兄弟》。

6. 小结。古语云："言忠信，行笃敬"，"人无信不立"。诚信是中华民族的传统美德，我们每一个人都应该做诚信的人。

（三）致用篇

1. 你觉得下面的行为哪些是应该学习的，为什么？

（1）明明约了小华周六去图书馆看书，临出门的时候下起了大雨，妈妈让明明别去了，明明说："不行，我们约好的，不能失约。"说完就打着伞出门了。（　　）

（2）小方答应把自己新买的《西游记》借给小青看，可是他又不舍得借了，就告诉小青，书被表哥借走了。　　　　　　　　　　　　　　　　　　　（　　）

2．练习背诵。

（1）自由练习背诵。

（2）四人小组组内互相检查背诵。

（3）个别检查背诵。

（4）全班齐背。

五、教学资源

（一）曾子杀猪

曾子之妻之市，其子随之而泣。其母曰："女还，顾反为女杀彘。"妻适市来，曾子欲捕彘杀之。妻止之曰："特与婴儿戏耳。"

曾子曰："婴儿非与戏也。婴儿非有知也，待父母而学者也，听父母之教。今子欺之，是教子欺也。母欺子，子而不信其母，非所以成教也。"遂烹彘也。

（选自《韩非子·外储说左上》）

（二）得黄金百斤，不如得季布一诺

楚汉相争时，项羽手下有一员大将叫季布。他为项羽出生入死，冲锋陷阵，立下了大功。刘邦对他深为痛恨，做了皇帝后，下令以千两黄金的重赏捉拿季布。

季布平时言而有信，答应别人的事情，一定竭尽全力去做，从不使人失望，这种美好的品质使他赢得了许多朋友。民间流传着一句话："得黄金百斤，不如得季布的一个诺言。"当时敬慕季布为人的人，都在暗中帮助他。季布经过化装，到山东一家姓朱的人家当佣工。朱家明知他是季布，仍收留了他，并且为他找刘邦的老朋友汝阴侯夏侯婴说情。后来，刘邦将季布召进宫来，任命他为郎中。季布感念刘邦的恩德，为汉朝做了许多大事。

（改编自《史记·季布栾布列传》）

（三）2010 年度感动中国人物：信义兄弟

孙水林、孙东林兄弟，湖北省武汉市黄陂区泡桐镇人，建筑商人。2010 年 2 月 9 日（农历腊月二十六），在京、津做建筑工程的孙水林，驾车带着妻子、三个儿女和 26 万元现金从天津出发，准备赶回老家过年，同时给先期已回黄陂的农民工发放工钱。次日凌晨行至南兰高速开封县陇海铁路桥路段时，由于路面结冰，发生重大车祸，20 多辆车连环追尾，孙水林一家五口遇难。孙东林为了完成哥哥的遗愿，顾不上安慰年迈的父母，在腊月二十九将工钱送到 60 多名农民工手中。由于哥哥的账单多已找不到，孙东林让农民工们凭着良心报领工钱，还贴上了自己的 6.6 万元和母亲的 1 万元。"新年不欠旧年账，今生不欠来生债"，孙水林、孙东林兄弟 20 年信守承诺，被人们誉为"信义兄弟"。

第二部分　古诗词

　　本册教材选编了20首古诗词，分为思乡、爱国、景趣、志向四个主题。每首诗词包括诗（词）名、朝代、作者、内容、注释五个方面内容。

　　思乡主题五首，分别是：《关山月》《望月怀远》《一剪梅·舟过吴江》《枫桥夜泊》《渡汉江》。有戍边的战士思念家乡亲人，有天各一方的朋友见明月寄愁思，有流亡的旅人伤春思归故里，还有羁旅客船的夜泊者听钟悲秋和久离家乡的游子近乡情怯。

　　爱国主题七首，分别是：《无衣》《击鼓》《夏日绝句》《示儿》《秋夜将晓出篱门迎凉有感》《出塞》《塞下曲》。从多方面写出不同的爱国情怀：既有战友间情谊深厚、同仇敌忾的气概，又借古讽今抒发对当时无能政府的愤懑；既有无论生死都惦记收复国土的悲凉，又有驻足边塞、征战沙场的豪迈。

　　景趣主题六首，分别是：《江雪》《江南春》《晓出净慈寺送林子方》《游园不值》《三衢道中》《六月二十七日望湖楼醉书》。写了冬雪、春天江南美景带来的感叹、夏荷、春杏、梅子黄了时节山中诸景、骤雨乍来打入船中的惊喜。

　　志向主题两首，分别是：《短歌行》《步出夏门行·观沧海》，作者都是曹操，展现了一个政治家的求贤若渴和建功立业的伟大抱负。

　　从三年级开始，每个年级要学习20首古诗词，数量增多，难度也加大。写景咏物的诗词内含丰富的情感和较深的意蕴。比如，《夏日绝句》《示儿》《塞下曲》《江南春》《短歌行》《步出夏门行·观沧海》中都有典故，都是具有历史意义的小故事，用在诗词中，不是表面浅层意思。教师在教学中可以介绍作家生平、创作背景、相关的小知识等，以帮助学生读懂诗词。

　　建议20首古诗词中有10首安排5个课时完成，每课时学习两首，一首精讲，一首诵读或略讲。教师可以自主选择其中10首指导学生学习，剩下的10首放在每天的10分钟诵读时间略讲并指导吟诵。20首全部要求背诵。

古诗词教学案例

一、教学内容：《短歌行》

二、教材解读

（一）诗歌简介

　　《短歌行》是汉乐府的旧题，最初的古辞已经失传。乐府里收集的同名作有24首，最早的是曹操的这首。曹操以乐府古题创作了这首诗，通过宴会的歌唱，以沉稳

三年级

67

顿挫的笔调抒写了诗人求贤若渴的思想和统一天下的雄心壮志。这首诗政治性很强，主题非常明确，即作者希望有大量人才为自己所用，但其政治内容和意义完全熔铸在浓郁的抒情意境中。全诗内容深厚，庄重典雅，感情充沛，寓理于情，历来被视为曹操的代表作之一。

（二）诗歌大意

一边喝酒一边高歌，人生短促，好比晨露转瞬即逝，失去的时日实在太多！

慷慨激昂地唱着歌，内心忧虑却不能遗忘，用什么来消除忧愁？只有那美酒杜康。

那穿着青领（周代学子的服装）的学子哟，你们令我朝夕思慕。就是因为渴慕贤才，焦虑沉吟直到如今。

鹿群呦呦欢鸣，悠然自得在旷野啃食艾蒿。一旦四方贤才光临舍下，我将奏瑟吹笙宴请嘉宾。

当空悬挂的明月，什么时候才可以摘取？我的忧虑发自内心，日日夜夜都不能断绝。

远方宾客踏着田间小路，一个个屈驾前来探望我。彼此久别重逢谈心宴饮，争着将往日的情谊诉说。

月儿明亮的夜晚星辰稀疏，乌鹊寻找依托向南而飞。绕着大树飞翔三圈，不知可以依托在哪根树枝？

大山永远不会满足于自己的高度，大海也永远不会满足于自己的深度。我愿如周公一般虚心对待贤才，愿天下的英杰真心归顺于我。

三、教学目标

1. 有感情地诵读并背诵全诗。

2. 理解诗歌大意，重点理解"对酒当歌，人生几何！譬如朝露，去日苦多""青青子衿，悠悠我心。但为君故，沉吟至今。呦呦鹿鸣，食野之苹。我有嘉宾，鼓瑟吹笙"。

3. 体会作者珍惜时间、爱慕贤才的品质和建功立业的远大志向。

四、教学过程

（一）温故篇

复习背诵《古朗月行》《长歌行》。

（二）知新篇

1. 谈话导入。

师：今天，我们要学习一首新的诗歌《短歌行》。大家看看这三首诗的题目有什么共同之处？

"行"是乐府诗的一种体裁（简单介绍乐府诗）。

2．介绍建安文学。

中国，是诗的国度。从第一部诗歌总集《诗经》开始，历经《楚辞》、汉乐府、《古诗十九首》，到了魏晋时期，中国诗歌史上出现了建安文学。这一阶段许多诗人从汉乐府民歌中吸取养料，创作五言抒情诗，五言诗由此走向成熟，同时出现七言诗，更促进了唐代"近体诗"的发展成熟，在中国诗歌发展史上起到了承上启下的作用。

而建安文学的开创者与组织者，也正是今天我们要学习的这首《短歌行》的作者——著名的政治家、军事家、文学家曹操。

3．读通古诗。

（1）学生自由读诗，借助给出的生字拼音，读准读通。

pì kǎi kāng yōu sè shēng duō mò qiān zā bǔ
譬 慨 慷 呦 瑟 笙 掇 陌 阡 匝 哺

（2）读准节奏。

节奏用"二二式"，语速要慢。例如：

对酒/当歌，人生/几何！譬如/朝露，去日/苦多。

（3）听录音再练读。

①谈听录音的感觉（读起来慷慨悲凉有激情）。

②教师范读，学生模仿练读。

③请一名学生站起来读，师生评价。

④齐读。

4．感悟诗意。

（1）以小组为单位，合作学习，根据诗下注释，分节了解诗意。

本首诗有 32 句，每 8 句一节，表达一层意思，共有 4 节。每个小组分一节，可以选择每一节中的两三句合作学习理解意思。

（2）汇报总结。

①四个小组分别结合注释说诗句大概意思。

②教师结合图片、译文指导学生重点理解"对酒当歌……去日苦多""青青子衿……鼓瑟吹笙"这几句。

（三）致用篇

1．教师介绍本诗创作背景，放《三国演义》中曹操吟诵此诗的片段。

2．谈谈诗歌表达的情感（诗人珍惜时间，爱慕贤才，志向远大）。

3．背诵本诗。

（四）布置作业

1．背诵《短歌行》给父母听，再向父母口述诗意。（必做题）

2．和父母一起熟读成诵《江南春》。（必做题）

3．查一查曹操的诗歌。（选做题）

五、教学资源

（一）乐府诗歌

乐府，顾名思义就是掌管音乐的机构。始于秦，汉武帝时正式设立乐府机构，其任务是收集编纂各地民间音乐、整理改编与创作音乐、进行演唱及演奏等。后来，人们就把这一机构收集并制谱的诗歌称为乐府诗，或者简称乐府。到了唐代，这些诗歌的乐谱虽然早已失传，但这种形式却相沿下来，成为一种没有严格格律、近于五七言古体诗的诗歌体裁。唐代诗人作乐府诗，有沿用乐府旧题写时事，以抒发自己情感的，如《塞上曲》《关山月》等；也有即事名篇，无复依傍，自制新题以反映现实生活的。

乐府诗的标题上有的加"歌""行""引""曲""吟"等，还有如"操""怨""辞"等。

（二）建安文学

自汉武帝独尊儒术以来，儒学一直在思想上占据着统治地位。儒学传统的观点认为文学只是经学的附庸，这阻碍了文学的自由发展。东汉末年，传统的儒学已失去统治地位和支配思想的力量，故此文学开始摆脱经学的束缚。很多作家不再将文学视为阐发经义的工具，而是用来反映现实生活和抒发自己的思想感情，使文学的道路更为开阔。当时还流行"骈体文"。这种文体讲求对偶和声律，使用很多典故，堆砌辞藻，意少词多，在表达思想内容方面受到很多限制。以曹操为代表的一大批文学家率先冲破儒学的禁锢，打破当时盛行的骈体文格式，用自己的笔法直抒胸襟，抒发渴望建功立业的雄心壮志，掀起了我国诗歌史上文人创作的第一个高潮。由于其时正是汉献帝建安年间，故后世称为建安文学，代表人物有曹操父子三人和孔融、陈琳、王粲等人。

建安文人对文学的价值和作用有更深刻的反思，对各种文体的特点、文章的风格与作者的关系等也有更深入的研究。文人经常相互探讨批评，曹丕的《典论·论文》正是当时举足轻重的一篇文学批评之作。当时领袖的提倡，也使建安文学更为兴盛。曹操父子不单是当时的文坛领袖，更是政治领袖人物，他们爱好文学，广招人才，曹操下令"唯才是举"，促成了一群有水准的文人共同创作，他自己也有优秀的文学作品问世。建安文学的兴盛，实际也是文学发展规律的体现。两汉文学为建安文学之兴起了准备作用，诗、赋等皆启发了建安作家们。建安文学的现实精神，就是师承于汉代乐府诗"感于哀乐，缘事而发"的传统，建安文人常以乐府旧题名篇反映现实。《古诗十九首》等亦为建安抒情诗提供了借鉴。

（三）曹操生平

曹操，字孟德，小字阿瞒，沛国谯县（今安徽亳州）人。东汉末年杰出的政治家、军事家、文学家、书法家，三国曹魏政权的奠基人。曹操曾担任东汉丞相，后加封魏王，奠定了曹魏立国的基础。去世后谥号为武王。其子曹丕称帝后，追尊为武皇帝，庙号太祖。

　　东汉末年，天下大乱，曹操以汉天子的名义征讨四方，对内消灭割据势力，对外降服南匈奴、乌桓、鲜卑等，统一了中国北方，并实行一系列政策，恢复经济生产和社会秩序，扩大屯田、兴修水利、奖励农桑、重视手工业、安置流亡人口、实行"租调制"，从而使中原社会渐趋稳定、经济出现转机。黄河流域在曹操的统治下，政治渐见清明，经济逐步恢复，阶级压迫稍有减轻，社会风气有所好转。曹操在军事上精通兵法，重贤爱才；生活上善诗歌，用以抒发自己的政治抱负，并反映汉末人民的苦难生活，气魄雄伟，慷慨悲凉；其散文亦清峻整洁，开启并繁荣了建安文学，给后人留下了宝贵的精神财富，鲁迅评价其为"改造文章的祖师"；同时曹操也擅长书法，唐朝张怀瓘《书断》将曹操的章草评为"妙品"。

（四）曹操诗歌其一

步出夏门行·龟虽寿
（三国）曹操

神龟虽寿，犹有竟时。

腾蛇乘雾，终为土灰。

老骥伏枥，志在千里。

烈士暮年，壮心不已。

盈缩之期，不但在天；

养怡之福，可得永年。

幸甚至哉，歌以咏志。

第三部分　儒道经典

　　本册教材儒道经典部分主要有两大内容，一是《大学》的全文，一是《声律启蒙》上卷的"一东""二冬""三江"和"四支"。

　　《大学》原为《礼记》第四十二篇。北宋的程颢、程颐兄弟把它从《礼记》中抽出，编次章句。南宋时朱熹在此基础上编撰了《大学章句》，并与《论语》《孟子》《中庸》合编为"四书"。对于《大学》作者，历来有两种说法：一说是曾子所作；一说为孔门七十子后学者所作。程颢、程颐认为是"孔氏之遗言也"。

　　朱熹在《四书章句集注·大学章句》中写道：《大学》为"初学入德之门也"，着重论述儒家的修身之道。儒家修身的目标就是实现明明德、亲民、止于至善"三纲"，即个人的道德修养达到至善境界，同时期望政治统治和社会管理也能达到至善的境地。而实现"三纲"的途径是格物、致知、诚意、正心、修身、齐家、治国、平天下，即"八目"，此八目之间具有内在的逻辑联系，涵盖着内修与外治两方面的内容。"三纲"与"八目"是纲举目张的关系，以修身为核心，构建起儒家理想的桥梁。学习《大学》全文，能让学生系统地了解儒家的道德修养理论，并受启迪。

声律指的是诗词的韵律，《声律启蒙》是古代一部训练儿童学习平仄对仗、掌握声韵格律的启蒙著作，是儿童学诗的入门读物。作者是清代的车万育。

《声律启蒙》分为上下卷，以平水韵上下三十韵的顺序为目，每韵各有三则对文，每则有十对对语。对语从单字到双字、三字、五字、七字到十一字，读起来朗朗上口，如唱歌般。而在进行语音、词汇、修辞训练的同时，它还是一部"百科全书"，其中的内容涉及天文、地理、历史、文化、花木、鸟兽、人物、器物等多方面，让蒙童在学习诗词技巧的同时，涉猎中华传统文化的更多内涵，实现了实用性与知识性的统一。

本册选录的是《声律启蒙》上卷中的前四则韵文："一东""二冬""三江"和"四支"。此四则韵文声韵协调、对仗工整、易读易记，建议进行多种形式的朗读、背诵。

这个部分的教学内容建议安排 16 个课时完成。其中《声律启蒙》（"一东"至"四支"）安排 5 个课时，一个课时讲一章，重点讲一则对文，其余的只进行通读与通讲。《大学》是全文选录，课时分布于两个学期，共安排 11 个课时，按"大学"的宗旨（即三纲）和八个条目，分列 11 个课时开展学习。对于三年级的学生来说，要理解《大学》是很有难度的，建议在教学中，针对文中排比句多、节奏感强的特点，多进行朗读与背诵的指导。对关键段落或与学生实际有关联的部分才详细讲解，讲解的内容宜精练。讲解的语言应尽量浅显易懂，也可多采用故事、图片、视频等直观的方式来辅助理解。

《大学》 教学案例 （一）

一、教学内容

《大学》第一段"大学之道……则近道矣"。

二、教材解读

（一）章句解读

这一段是《大学》的开篇，是全文最为关键的段落。全段共有三句话。

第一句开门见山地点明了大学的宗旨：在于"明明德"，在于"亲民"，在于"止于至善"，也就是"三纲"，此乃《大学》的核心，也是儒学"垂世立教"的目标所在。"明明德"就是将人内在的清明的德行彰显出来，并发扬光大，所以人们要重视自身的道德修养，保持美好的德行，这是大学之道的根本原则。"亲民"指使人民弃旧图新，不断提高道德修养，从而达到天下太平，是大学之道的根本任务。"止于至善"则是大学之道的最终目标。

第二句论述了达到至善的方法与顺序：从止到定、从定到静、从静到安、从安到虑、从虑到得。这一渐进的过程，也是古人为学的过程。

最后一句则总结指出：修身与为学要达到目标，在过程中要分清本末终始，行动上要有先有后。只有定好目标、端正态度，以修养品德为中心，才能"入德之门也"。

（二）字句梳理

1. 大学之道，在明明德，在亲民，在止于至善。

大学之道：大学的宗旨。"大学"在古代有两种意思：一是"博学"；二是相对于小学而言的"大人之学"。这里两个意思皆有。

明明德：第一个"明"是"使彰明"，也就是发扬、弘扬的意思；后面"明德"是指内心的美好品德。

亲民："亲"在这里作"新"解，有使人弃旧图新的意思。"亲民"指使人民弃旧图新，不断进步。

止：达到。

释义：大学的宗旨在于弘扬美好的品德，在于使人弃旧图新不断进步，在于使人的道德达到最完善的境界。

2. 知止而后有定，定而后能静，静而后能安，安而后能虑，虑而后能得。

知止：指知道要达到的境界，也可以说确立了目标。定：指志向坚定。静：指从容镇定。安：指内心安宁。虑：指思虑周详。得：指最终收获。

释义：知道应达到的境界才能够志向坚定，志向坚定才能够从容镇定，从容镇定才能够内心宁静，内心宁静才能够思虑周详，思虑周详才能够有所收获。

3. 物有本末，事有终始，知所先后，则近道矣。

知所先后：分清事情的主次，明白本末始终。道：规律，道理。

释义：世上万物都有根本有枝末，每件事情都有开始有终结，知道了这本末始终的道理，就接近事物发展的规律了。

三、教学目标

1. 正确流利地朗读和背诵《大学》第一段，读出句子的节奏与韵律。
2. 能借助译文理解句意，并了解大学的教育宗旨——"三纲"的意思：大学的宗旨在于弘扬美好的品德，在于使人弃旧图新不断进步，在于使人的道德达到最完善的境界。
3. 理解做事要分清本末终始的道理，并能运用到实际生活中。

四、教学过程

（一）温故篇

接力背本册中诚信主题和自强主题的名言。

（二）知新篇

1. 导入。

师：同学们，这些名言教给了我们做人要诚信要自强的道理，这也是《大学》

一书中阐述的为学做事的准则与目标之一。

教师介绍《大学》，学生齐读书上的作品简介。

《大学》是儒家经典著作之一，与《论语》《孟子》《中庸》并称为"四书"。《大学》着重讲儒家修身的道理，提出了明明德、亲民、止于至善三条纲领，又提出了格物、致知、诚意、正心、修身、齐家、治国、平天下八个条目。八个条目是实现三条纲领的途径。

2. 春吟秋诵我乐读。

（1）出示文段，教师范读，学生感知读音与节奏。

（2）出示标了节奏的文段，教师带读，学生跟读。

大学之道，在/明/明德，在/亲民，在/止于至善。知止/而后有定，定/而后能静，静/而后能安，安/而后能虑，虑/而后能得。物有/本末，事有/终始，知所/先后，则/近道矣。

（3）学生放声自由练读，教师在一旁巡视，了解读书情况。

（4）交流练读中出现的困难，教师相机指导。

（5）指名展示读、挑战读和小组赛读，并进行读后评价。

（6）齐读，读出节奏。

（7）和声读，将重点词条"明明德、定、静、安、虑、得、本末、终始"加读一遍为"和"。如，教师读"在明明德"后，学生加读一遍"明明德"。

3. 学思结合我乐悟。

（1）借助文下的译文，学习句子。

（2）小组交流读懂的句意，质疑未懂的句子并互助解疑。

（3）指名汇报句意，鼓励用自己的话来说。

（4）感悟文意：

①借助重点词理解第一句：明（使……彰显）明德（内心的美好品德）

亲民（使人民弃旧图新，不断进步）

释义：大学的宗旨，在于"明明德"，在于"亲民"，在于"止于至善"。

总结：这是大学之道的原则、任务和目标，也是《大学》全文的核心纲领。

②借助释义填空理解第二句。

知道（　　）才能够（　　），才能够（　　），才能够（　　），才能够（　　），才能够有所收获。

总结："知、定、静、安、虑、得"是达到至善的方法与顺序。

③借助成语故事《舍本逐末》（见教学资源）理解第三句。

这个故事告诉了我们什么道理？文段中的哪一句是这么写的？

总结：世上万物都有本有末，每件事情都有始有终，知道了这本末始终的道理，抓住了主次，就接近事物发展的规律，达到大学所设的目标了。

（5）师生合作总结全段：

师：这是《大学》的开篇段，明确地告诉了我们《大学》的三大纲领（学生接说具体内容）。这三大纲领，倡导人们重视自身的道德修养，保持美好的德行。这一段还告诉我们不管学习还是做事都要抓住（学生接说：本末始终或主次），做到了这些，我们就能学有所成了。

　　4．循序渐进我乐背。

　　（1）出示文段的填空，寻找出文段叙述的规律。

　　大学之道，在明（　　），在（　　），在止于（　　）。知止而（　　），定而（　　），静而（　　），安而（　　），虑而（　　）。物有（　　），事有（　　），知所（　　），则（　　）矣。

　　（2）运用自己喜欢的方法自由背诵。

　　（3）师生对背，男女生赛背，学生挑战背，展示背。

（三）致用篇

　　1．说说我们在生活中做事要分清先后、主次的例子。

　　2．作业：阅读《舍本逐末》或《漫画36计》之《釜底抽薪》的故事。

五、教学资源

（一）何谓"大学"

　　古代的教育，有小学、大学之分，所以这里的"大学"是相对"小学"而言的。对古代入学的具体年龄，不同的文献有不同的记载。《白虎通》中说："八岁入小学，十五入大学是也。"《尚书大传》则记录："公卿之太子，大夫元士嫡子，年十三始入小学，见小节而履小义。二十而入大学，见大节而践大义。此世子入学之期限也。""十五年入小学，十八入大学者，谓诸子性晚成者，至十五入小学；其早成者，十八入大学。"

　　而对于学习的内容，《汉书·艺文志》说："古者八岁入小学，故《周官》保氏掌养国子，教之六书，谓象形、象事、象意、象声、转注、假借，造字之本也。"朱熹《大学章句序》说："人生八岁，则自王公以下，至于庶人之子弟，皆入小学，而教之以洒扫、应对、进退之节，礼乐、射御、书数之文。"可见，小学以文字训诂及礼仪为教授内容，"见小节而履小义"，是古代学生的基础教育。大学以诗书礼乐为学习内容。如朱熹所说："及其十有五年，则自天子之元子、众子，以至公、卿、大夫、元士之适子，与凡民之俊秀，皆入大学，而教之以穷理、正心、修己、治人之道。此又学校之教、大小之节所以分也。"可见，大学就是教育成人"见大节而践大义"。《大学》就是这样的经典。

（二）舍本逐末

　　据《战国策·齐策》记载：齐王使使者问赵威后。书未发，威后问使者曰："岁亦无恙耶？民亦无恙耶？王亦无恙耶？"使者不悦，曰："臣奉使使威后，今不问王而先问岁与民，岂先贱而后尊贵者乎？"威后曰："不然。苟无岁，何以有民？苟无民，何以有君？故有舍本而问末者耶？"

　　大意：战国时，齐王派遣使者去问候赵威后。赵威后接过使臣献上的书信，还没打开就先问使臣说："你们国家今年庄稼的收成好吗？百姓们过得好吗？君王也好

吗?"使臣听了很不高兴,说:"臣奉君王之命来问候您,您不先问我们君王的情形,却先问庄稼和老百姓的状况,这样未免先卑后尊了吧!"赵威后笑着说:"你错了,想想看,如果庄稼没有收成,百姓怎么生活呢?如果没有百姓的支持,又哪有国君呢?所以,怎么能舍本而问末呢?"

这个故事告诉我们,认为君王比百姓重要就是舍本逐末,而"民为贵,君为轻"才是抓住了国家的根本。

(三)推荐阅读:《漫画36计》之《釜底抽薪》(北京理工大学出版社2013年版)

三十六计第十九计是釜底抽薪。"釜底抽薪"一词来自谚语"扬汤止沸,不如釜底抽薪"。意思是说要想让水不再沸腾漫溢,只有把柴火从锅底抽掉才可行。比喻抓住根本才能解决问题,也指暗中进行破坏。

东汉末年,军阀混战,袁绍率领十万大军攻打许昌。当时,曹操带着两万多人据守官渡,与他对峙。时间一长,双方粮草供给成了关键。袁绍势大,又从河北调集了一万多车粮草,就放在大营以北四十里的乌巢。他没有将曹军放在眼里,所以没有安排重兵守卫。

正当曹操为军粮及战况发愁时,他的同学许攸离开袁绍来投奔他,将袁军粮草无重兵把守的情况告诉他,并建议他轻骑偷袭,来个"釜底抽薪",切断袁军的供应。于是曹操亲自率五千精兵,打着袁军的旗号,夜袭乌巢,并趁袁军还没有弄清状况,下令包围粮仓,点燃了一把大火。在浓烟四起之际,曹操带着他的精兵乘势消灭了守粮的袁军。袁军的一万多车粮草,顿时化为灰烬。

没了粮草,袁绍的大军惊恐万状,军心涣散。曹操趁机发动全线进攻,打得袁绍的十万大军四散溃逃。袁军大败,从此一蹶不振。

运用"釜底抽薪"之计,曹操烧毁了袁军的重要物资——军粮,让袁军军心溃散。最后曹操以少胜多,获得了胜利。

《大学》 教学案例 (二)

一、教学内容

《大学》第二、三段"古之欲明明德于天下者……国治而后天下平"。

二、教材解读

(一)章句解读

这两段主要从大学的"八条目"来阐述修身的重要性。"八条目"指的是"格物""致知""正心""诚意""修身""齐家""治国""平天下",其中,"格物""致知""正心""诚意""修身"属于自身的修养,也就是内修;"齐家""治国""平天下"属于内修效果的延伸,即外治。

这八个条目首尾衔接，以由外向内逆推和由内而外顺推的方式罗列展开，既论述了八条目间的逻辑关系，也说明了为学做人应循序渐进的道理。

（二）字句梳理

1. 欲治其国者，先齐其家。

齐：指治理。家：家族。

释义：要想治理好自己的国家，先要努力管理好自己的家族。

2. 欲正其心者，先诚其意。

正：使……端正。正心：指摒除干扰，使心端正，归于"至善"。

诚：使……诚实。诚意：使心意诚实。

释义：要想端正自己的心思，先要让自己的意念真诚。

3. 致知在格物。

致：推及。致知：推及我的知识，使达到无所不知的地步。格：追究。格物：穷究事物的原理。

释义：获得知识的途径在于认识、研究万事万物。

三、教学目标

1. 能正确、流利地熟读并背诵《大学》"古之欲明明德于天下者……致知在格物"。

2. 初步了解"平天下""治国""齐家""修身""诚意""正心""致知""格物"的含义，了解它们之间的逻辑关系。

3. 懂得为人为学都要注意修身的道理。

四、教学过程

（一）温故篇

1. 轮背《三字经》"凡训蒙……至平治"。

2. 齐背《大学》第一段"大学之道……则近道矣。"

（二）知新篇

1. 导入：同学们，《三字经》告诉我们"作大学，乃曾子。自修齐，至平治"。今天，我们就到《大学》第二、三段中去找一找"修、齐、治、平"吧！

2. 新授。

（1）春吟秋诵我乐读。

①出示文段，教师范读，学生感知读音与节奏。

②出示标示了节奏的文段，教师带读，学生跟读。

古之/欲明明德/于/天下者，先治/其国；欲治/其国者，先齐/其家；欲齐/其家者，先修/其身；欲修/其身者，先正/其心；欲正/其心者，先诚/其意；欲诚/其意者，先致/其知；致知/在格物。

物格/而后知至，知至/而后意诚，意诚/而后心正，心正/而后身修，身修/而后家齐，家齐/而后国治，国治/而后/天/下/平。

③学生放声自由练读，教师在一旁巡视，了解读书情况。

④交流练读中出现的困难，教师相机指导。

⑤指名展示读、挑战读、小组赛读，并进行读后评价。

⑥齐读，读出节奏。

⑦和声读，将重点词条"治其国、齐家、修身、正心、诚意、致知、格物"加读一遍。如，男生读"先治其国"后，女生加读一遍"治其国"。

（2）学思结合我乐悟。

①学法指导：理解文段的学习方法有查字典、多读多认、问老师、看译文、上网查资料……

②选择方法，小组合作学习，了解文段大意。

③小组讨论并汇报：古代那些要弘扬好品德的人，他应该怎么做呢？

④教师归纳：要明明德于天下必须做到治国、齐家、修身、正心、诚意、致知、格物。（板书"明明德、治国、齐家、修身、正心、诚意、致知、格物"）

⑤学生说说这八个词的意思：弘扬美好的品德、治理国家、管理家族、修养品德、端正心思、意念真诚、获得知识、认识事物。

⑥用事例理解：其实，《大学》就是告诉我们，做大事要从小事做起，从自己做起。很多人的日常行为也都和这几个词有联系。下面我们来看几个事例，请你选择一个词语来评价他们。

A．2012 年 2 月 8 日，广州市竞选上"小市长"的小学生们，向市长提出了许多的建议。（治国）

B．爸爸为了家庭辛苦工作，但是总会抽出时间来孝敬老人，陪伴妈妈和我。（齐家）

C．上学期，有的同学参加了天河区的"观鸟"活动，了解了许多小鸟的特点和生活习惯。（格物）

D．雷锋叔叔苦练本领，助人为乐，立志成为品德高尚、对社会有用的人。（修身）

（3）循序渐进我乐背。

短短的一段话，却包含了深刻的道理，《大学》真是一个丰富的宝藏，值得我们去读，去悟，去把它背下来。

①分享背书秘籍：寻找文段叙述的规律。

②运用自己喜欢的方法自由背诵。

③指导学生背诵。

④师生对背，男女生赛背，挑战背，展示背。

（三）致用篇

1．找找身边注重修身自律、探求真知的人，并用《大学》里的话夸夸他。

2．小结：我们从《大学》知道了每个人都要从"修身"做起，从小事做起，才能做好治国平天下的大事。希望同学们从小培养好品德，勤学真本领，成为品德高、学问高的人。

3．作业。

（1）利用每天的经典诵读 10 分钟，熟背文段。

（2）阅读故事《孝感动天》。

五、教学资源

（一）孔子喜《易》（致知格物）

孔子晚年喜欢读《易经》。他花了很大的精力，反反复复把《易经》全文读了许多遍，还在文旁附注了许多内容，不知翻来覆去地阅读了多少遍。即使读书读到了这样的地步，孔子还谦虚地说："假如让我多活几年，我就可以完全掌握《易经》的文采与思想了。"

（二）推荐阅读：《二十四孝的故事》之《孝感动天》（黑龙江出版社 2013 年版）

队队春耕象，纷纷耘草禽。嗣尧登宝位，孝感动天心。

虞舜，瞽叟之子。性至孝。父顽，母嚚，弟傲。舜耕于历山，有象为之耕，鸟为之耘。其孝感如此。帝尧闻之，事以九男，妻以二女，遂以天下让焉。

相传舜的父亲瞽叟脾气不好，继母嚚嚚张暴虐，异母的弟弟象则狂傲不逊。但舜一如既往地对他们好，毫不嫉恨。他的孝心感动了天地，当他在历山耕种时，大象会替他耕地，鸟儿会替他锄草。尧帝了解了舜的德行和才干后，把两个女儿娥皇和女英嫁给了他。后来，经过多年观察与考验，又选定舜做他的继承人。

舜虽在"父顽、母嚚、弟傲"的家庭中长大，但他通过格物、致知、诚意、正心、修身，提高了自身的道德修养，处理好了家中的事，实现了齐家的目的，并得到天下人与帝王的赞赏和认可，从而参与治理国家事务，并让天下百姓安居乐业，是修身齐家、达到至善的典范。

（三）成语故事：不为五斗米折腰（修身）

这个成语来源于《晋书·陶潜传》："吾不能为五斗米折腰，拳拳事乡里小人邪。"陶渊明又名陶潜，是我国最早的田园诗人。

史书记载，晋义熙元年（405）秋，陶渊明听从朋友的劝说，为了养家糊口来到离家乡不远的彭泽当县令。

这年冬天，督邮刘云到彭泽县来督察。这个刘云，以贪婪凶狠闻名。这一次，他一到彭泽的旅舍，就差县吏去叫县令来见他。陶渊明平时蔑视功名富贵，对这种贪婪之人更是瞧不起，但不得不去一见，于是他准备动身。不料，县吏拦住陶渊明说："大人，参见要穿戴整齐、备好礼品，见到督邮要恭恭敬敬，不然有失体统，督邮还会乘机大做文章，对大人很不利啊！"听到这话，陶渊明长叹一声，道："吾不能为五斗米折腰，拳拳事乡里小人邪。"意思是我怎么能为了县令这五斗米的俸禄，就低声下气向这些小人献殷勤？说完，他取出官印，把它封好，并且马上写了一封辞职信，随即离开只当了八十多天县令的彭泽。

《声律启蒙》 教学案例 （一）

一、教学内容：《声律启蒙》"三江"第一段

楼对阁，户对窗，巨海对长江。蓉裳对蕙帐，玉斝对银釭。青布幔，碧油幢，宝剑对金缸。忠心安社稷，利口覆家邦。世祖中兴延马武，桀王失道杀龙逄。秋雨潇潇，漫烂黄花都满径；春风袅袅，扶疏绿竹正盈窗。

二、教材解读

（一）内容简介

"三江"是平水韵上平韵的第三个韵部。此章包含三小节，本课为第一小节，由十组对仗、八个韵脚组成。

本课内容主要涵盖三大方面。一是人们生活场景的配对展示，如：楼阁户窗、蓉裳蕙帐、玉斝银釭、青布幔碧油幢、宝剑金缸（"缸"通"釭"）。二是对自然风光的搭配描写，如：巨海与长江、秋雨中的漫烂黄花与春风里的扶疏绿竹，为本韵文增添风雅。三是对比朝堂与皇帝的不同典故，揭示忠心与仁德能兴国，而空谈与残暴将灭国之理。

（二）字句梳理

1. 楼对阁，户对窗，巨海对长江。

释义：楼与阁相对，户与窗相对，浩瀚无边的大海与源远流长的长江相对。

2. 蓉裳对蕙帐，玉斝对银釭。

蓉：芙蓉，即荷花。蕙：又名蕙兰，一种兰花。古人认为这两种都是君子所喜欢佩带的香草，所以会用来制作或装饰衣服和帐子。玉斝：玉质的酒器。银釭：银制的灯盏。

释义：绣有荷花的衣裳与用兰草制作的帐子相对，玉质的酒器与银制的灯盏相对。

3. 青布幔，碧油幢，宝剑对金缸。

幔：挂在屋里的帐幔。幢：指帐幕、伞盖、旗帜。

释义：青布的帐幕，绿色的油布车帘，锋利的宝剑与金质的器皿相对。

4. 忠心安社稷，利口覆家邦。

社稷：指国家。利口：能言善辩的嘴，代指只说不做的空谈家。

释义：臣子忠心能保国家安定，空谈或谗言会让国家颠覆。

5. 世祖中兴延马武，桀王失道杀龙逄。

世祖：指光武帝刘秀，因其为首推翻了王莽建立的新朝，建立东汉，恢复了刘姓的天下，故被称为中兴之主。延：请。马武：东汉开国大将，骁勇善战，被封为云台二十八将之一。桀王：指夏朝的亡国之君夏桀，据说他十分残暴。龙逄：指夏朝的贤臣关龙逢。夏桀荒淫，关龙逢屡次直言进谏，后被囚杀。

释义：光武帝刘秀重用大将马武实现汉室中兴，夏朝暴君桀杀害忠臣关龙逢最终灭国。

6. 秋雨潇潇，漫烂黄花都满径；春风袅袅，扶疏绿竹正盈窗。

释义：秋雨潇潇，灿烂的黄花开满小路；春风袅袅，茂盛的翠竹盈满窗前。

三、教学目标

1. 通读《声律启蒙》"三江"，学习第一段，通过多种形式朗读达到熟读成诵。

2. 通过联系生活、结合图片和故事情景，了解文段大意，知道"世祖中兴""夏桀杀逢"的典故。

3. 进一步了解对子的特点，感受《声律启蒙》的节奏美和韵律美，尝试对押"ang"韵的对子。

4. 感受韵文遣词造句的讲究、优美，培养对对子的兴趣。

四、教学过程

（一）温故篇

1. 复习背诵。

师：同学们，我们在前段时间学习了《声律启蒙》"一东"和"二冬"，现在来背诵"二冬"。

（1）你背我接：两个大组对背第一段的内容。

（2）接龙背：以"开火车"的形式同桌两人齐背第二、三段的内容。

2. 再识对子。

师：通过学习《声律启蒙》，我们认识了很多的对子，下面我们来谈谈对子的特点。

（1）出示"窗含西岭千秋雪，门泊东吴万里船"。

师：我们一起来看看这副对子，第一句和第二句有什么相同的地方？（字数相同）

第一句中的词语和第二句中的词语怎么一一对应？〔窗对（门）、含对（泊）、西岭对（东吴）、千秋雪对（万里船）（一边对，一边问学生这是什么词，如：窗和门都是名词，含和泊都是动词）〕

（2）总结对子的特点。

师：你从中发现对子有什么特点？（根据学生的回答相机出示 PPT：字数相同、词性相同、意思相关）

（二）知新篇

1. 书声琅琅乐读经典。

（1）出示学习内容——《声律启蒙》"三江"第一段，教师范读。

（2）学生自由读，要求：借助拼音把字音读准，诵读时一定要精神饱满，吐字

清晰，尽量把韵文读得字正腔圆。

（3）难字正音：斝（jiǎ）、银（yín）、釭（gāng）、幢（chuáng）、逄（páng）、袅（niǎo）。

（4）指导诵读难读的句子：秋雨潇潇，漫烂黄花都满径；春风袅袅，扶疏绿竹正盈窗。

（5）学生再次自由读。要求：把韵文读通顺，读出节奏。

（6）师生对读、男女生对读、两大组对读、同桌二人开火车读。

（7）师：同学们，你们看，老师变了一个小小的魔术（将"江、釭、缸、邦、逄、窗"等字变成了红色），你们自己把这些红色的字读一读，读完之后说一说你发现了什么？

小结：这些红色的字韵母都是"ang"，并且都在句子的最后，这叫"押韵"，而这些红色的字就是"韵脚"。

（8）师：我们在读这些韵脚的时候可以把音稍微拉长一些，比如：帐～～，幢～～，邦～～。请同学们将韵脚拉长音练习读。

（9）配乐读，反复读，把韵脚读长，读出韵味。

2．图文结合乐悟经典。

师：下面老师出示几幅图，你们来猜猜图里描述的是哪个对子。

（1）看图猜对子：楼阁、玉斝银釭、宝剑金缸、蓉裳蕙帐、青布幔碧油幢。

（2）看画面猜典故。出示古代朝堂与皇帝画面，猜相应的对子，并相机介绍出现的典故：世祖中兴、夏桀杀逄（见教学资源）。

师：同学们，你们读懂了其中哪些对子的意思？你们还想知道哪些对子的意思？

（三）致用篇

1．学以致用乐说经典。

（1）回顾对子的特点。

师：同学们，我们今天又认识了很多的对子。这些对子有什么特点？

（2）总结本节课韵文押的韵脚：我们今天学习的"三江"的韵脚是什么？

（3）试对对子。

①我会找：我们来找出藏着的对子。

　　户　山光　大海　明　凤舞　水色　深院落　龙飞　长江　暗　微雨　小池塘　窗　斜阳

（答案：明对暗，户对窗，大海对长江。龙飞对凤舞，微雨对斜阳。深院落，小池塘，水色对山光。）

②我会连。

像	碧纱窗
舞调	长江
朱漆槛	歌腔
大海	庞

82

少儿国学读本·教学指导用书

③我会填：要求填韵母是"ang"的字哦！

只对（　　　）　　大海对长（　　　）　　宝烛对银（　　　）　　三千里对十五（　　　）

（答案：只对双，大海对长江，宝烛对银釭，三千里对十五行）

（4）读读第二段和第三段对文，找找里面的韵字与对子吧！

2．春吟秋诵乐背经典。

师：同学们，对对子好玩吗？学习《声律启蒙》不仅可以让我们认识很多有趣的对子，还可以让我们知道很多的故事。你们能不能再次挑战自己，把这段韵文背下来？

（1）学生练习背。

（2）镂空背。

（3）指名背。

（4）全班齐背。

师：这节课我们一起走进了《声律启蒙》的"三江"，感受到了对对子的乐趣，最后，我们一起背诵"三江"第一段。

五、教学资源

（一）光武帝与马武

此故事出自《后汉书·马武传》。西汉末王莽篡权，天下大乱，起义军林立。马武字子张，骁勇善战，原是绿林军的麾下将领。在一次宴会后，刘秀延请他为将军，率领精锐部队收复汉地。马武感念刘秀的知遇之恩，所以忠心不贰，在战场上屡立奇功。刘秀称帝光复汉室后，封他为"云台二十八将"之一。

（二）夏桀杀逄

关龙逄也称豢龙，是古代豢龙部族的后代。夏桀荒淫无道，不理朝政，筑倾宫，饰瑶台，远贤臣，亲小人，谏者皆杀之。夏桀终日与美女妹喜寻欢作乐，对妹喜言听计从，还十分狂妄地把自己比作永远不落的太阳。对于夏桀的暴行，作为夏朝的大夫、贤臣，关龙逄实在看不下去。他多次向夏桀进谏，要他关心百姓与国家，但夏桀根本听不进去。经过长期思考之后，关龙逄决定以献黄图进谏。所谓黄图就是一种地图，关龙逄想借此说明形势危急，夏桀应多关心朝政。关龙逄献了黄图，故意立而不去。夏桀看到关龙逄的样子，心里很不耐烦，就说："你还有什么惑众的妖言要说？"关龙逄怒目而视。夏桀早就对这个三番五次进谏的关龙逄厌恶极了，什么也不问便把黄图烧毁，接着喊来兵士把关龙逄囚禁起来，不久就杀了他。

（选自"讲历史"网站）

（三）《后汉书》

《后汉书》由我国南朝刘宋时期的历史学家范晔编撰，是一部记载东汉历史的纪传体史书，与《史记》《汉书》《三国志》合称"前四史"。书中分十纪、八十列传和八志（司马彪续作），记载了从光武帝刘秀至汉献帝的195年历史。

《声律启蒙》 教学案例 （二）

一、教学内容：《声律启蒙》"四支" 第三段

戈对甲，鼓对旗，紫燕对黄鹂。梅酸对李苦，青眼对白眉。三弄笛，一围棋，雨打对风吹。海棠春睡早，杨柳昼眠迟。张骏曾为槐树赋，杜陵不作海棠诗。晋士特奇，可比一斑之豹；唐儒博识，堪为五总之龟。

二、教材解读

（一）内容简介

"四支"是平水韵上平韵的第四个韵部。此章包含三小节，本课学习第三小节，由十组对仗、八个韵脚组成。

本课内容广泛，既描述了兵器铠甲、战鼓旌旗等战场氛围、汉唐宫苑中的风光轶事，又带我们欣赏美丽的鸟儿、悠扬的乐曲和决胜的棋局，感受酸甜苦辣和雨打风吹，了解诗人作诗的缘由，认识古人对聪慧之人与学识丰富之人的评价。总的说来，多与文人雅士之事有关。

（二）字句梳理

1. 戈对甲，鼓对旗，紫燕对黄鹂。

释义：兵器与铠甲相对，战鼓与旌旗相对，紫燕与黄鹂相对。

2. 梅酸对李苦，青眼对白眉。

青眼：指晋朝阮籍能为青白眼，对重视喜欢之人给以青眼，对凡俗之人给以白眼。白眉：三国时的马良，被认为是兄弟五人中最有才气之人。因马良眉中有白毛，后来就以"白眉"比喻兄弟或同辈中才干最突出的人。

释义：梅子酸对李子苦，阮籍的青眼对马良的白眉。

3. 三弄笛，一围棋，雨打对风吹。

释义：《梅花三弄》曲，决胜一盘棋，雨打与风吹相对。

4. 海棠春睡早，杨柳昼眠迟。

唐朝杨贵妃春日睡得早，汉宫中的人柳（传说汉时宫苑中有杨柳，形状像人，称为"人柳"）一日三眠三起。

释义：唐朝杨贵妃春日睡得早，汉苑中的人柳白天迟迟不起。

5. 张骏曾为槐树赋，杜陵不作海棠诗。

槐树赋：张骏将槐树等从外地移植到凉州，但一直没有种活，只有在酒泉宫西北角的几棵槐树活了，便有感而作了《槐树赋》。杜陵：即唐代诗人杜甫。杜甫的母亲名海棠，杜甫为了表示对母亲的尊敬，而从不作吟咏海棠的诗。

释义：张骏曾写过《槐树赋》，杜甫从来不写吟咏海棠的诗。

6. 晋士特奇，可比一斑之豹；唐儒博识，堪为五总之龟。

一斑豹：此语原出自《世说新语·方正》，说王献之小时候看人玩一种棋，能看出双方的胜负。游戏者看他年龄小，轻视他，说："此郎亦管中窥豹，时见一斑。"
五总之龟：古代对知识渊博的人的美称。此句出自《新唐书·殷践猷传》，唐朝儒者殷践猷学识渊博，诗人贺知章称他为"五总龟"。

释义：聪慧异常的王献之，可用"管中窥豹，时见一斑"来形容；学识渊博的殷践猷，可称为"五总之龟"。

三、教学目标

1. 学习《声律启蒙》"四支"第三段，通过多种形式的读达到熟读成诵。
2. 通过联系生活、图片理解和故事情景，了解文段大意，知道"青眼白眉""一斑豹""五总之龟"等典故。
3. 在诵读中感悟《声律启蒙》有"韵"有"对"的特点。
4. 掌握吟诵的技巧：依字行腔，入短韵长。

四、教学过程

（一）温故篇

1. 小组轮背《声律启蒙》"一东"第二段。
2. 男女生对背《声律启蒙》"一东"第三段（男生背一句，女生接下一句）。
3. 吟诵《声律启蒙》"一东"第一段。
4. 小结对子的特点：字数相同，内容相近或相反。

（二）知新篇

1. 书声琅琅读经典。
谈话引入：我们学了《声律启蒙》后，知道了对子用词讲究，读起来韵味十足，今天我们继续学习"四支"第三段，再来体会体会对子的魅力。
（1）教师范读。（出示学习内容——《声律启蒙》"四支"第三段）
（2）初读正音，指导读准"昼眠迟""博识"等词。
（3）多种形式读：师生合作—男女合作—指名读。
2. 依字行腔我乐吟。
（1）找出韵脚（鹂、眉、吹、迟、诗、龟），把韵脚标成红色字，指导学生拉长音读。（教师提示：它们都押"i"韵，叫韵脚，读的时候要把读音拉长）
（2）出示入声字：甲、白、笛、一、不、作、特、博、识，指导学生读短音。
（3）小结吟诵的要求：依据字音，韵脚拉长，入声短而响，就是入短韵长。（并相机板书）
（4）学生自由练习第一句并反馈。
（5）学生自由练习后面的内容并反馈。

（6）多种形式吟诵：指名接龙吟诵—师生合作吟诵—男女合作吟诵—配乐齐吟诵。

3．学思结合悟大意。

（1）看图理解词语并说出相应的对子。（理解：戈、甲、鼓、旗、紫燕、黄鹂、梅酸、李苦）

（2）听故事说对子：阮籍青白眼（见教学资源）、一斑豹等。

（3）看图片，猜典故：槐树图（张骏曾为槐树赋）、海棠花（杜陵不作海棠诗）。

（三）致用篇

1．学以致用我乐对。

（1）出示"四支"第一段的对子。

一字对：茶对酒，赋对诗

二字对：燕子对莺儿；栽花对种竹；落絮对游丝；鸲鹆对鹭鸶

三字对：四目颉，一足夔

五字对：半池红菡萏，一架白荼蘼

七字对：几阵秋风能应候，一犁春雨甚知时

多字对：智伯恩深，国士吞变形之炭；羊公德大，邑人竖堕泪之碑

（2）小结对子的特点：字数相同，内容相近或相反。

（3）练习对对子。

①我会连。

室	走兽
桃枝	拈（niān）花香满衣
星妩媚	家
飞禽	柳叶
掬（jū）水月在手	月婆娑（suō）

②我会找。

两个黄鹂鸣翠柳，一行白鹭上青天。

两个——（　　）　黄鹂——（　　）　鸣——（　　）　翠柳——（　　　）

两个——（一行）　黄鹂——（白鹭）　鸣——（上）　翠柳——（青天）

③我会填。

山对（　　）　　　千山对（　　）　　　高山对（　　）

山对（海、水、河）　千山对（万水）　　高山对（低谷、大海、小河）

2．熟读成诵我乐背。

（1）学生练背。

（2）多种形式背诵。（指名背—男女合作背—开火车背）

（3）配乐齐背。

（4）作业：背诵《声律启蒙》"四支"。

五、教学资源

(一) 趣味故事：阮籍的青白眼

晋代著名诗人阮籍，文采出众，才华横溢，但他很清高，对当时的世俗礼法相当蔑视，将庸俗的势利小人斥为"俗人"，更不爱高攀达官贵人。

阮籍的母亲去世的第二天，嵇喜前来吊丧，阮籍不仅不打招呼，还白眼以对。对此，嵇喜很不高兴，于是在灵前拜了一拜就走了。嵇喜的弟弟嵇康知道了，第二天带着酒和琴前去吊丧，阮籍就以青眼相对。嵇康与他弹琴对饮，以此来慰藉阮籍心中的伤痛。

阮籍对志同道合的人，就青眼相看；对气味不相投的人，就只露白眼仁不见黑眼珠——白眼相待。后人就用青眼来表示对他人的喜爱，用白眼来表示对他人的不屑。

(二) 竹林七贤

竹林七贤是三国时期魏国七位名士的合称，包括嵇康、阮籍、山涛、向秀、刘伶、王戎及阮咸。他们七人是当时玄学的代表人物，主张老庄之学，崇尚自然。他们在生活上不拘礼法，清静无为，常聚集在当时的山阳县（今河南辉县西北一带）竹林中喝酒、纵歌，故而得名。

第四部分　小古文

本册教材选编了五篇小古文，以寓言、神话、杂文为主。分别是《买椟还珠》《女娲补天》《陋室铭》《爱莲说》《诗大序（节选）》。每篇小古文包含"原文—作者—注释—译文—图说"五个方面的内容。

《买椟还珠》是一则有名的寓言，出自《韩非子·外储说左上》（战国韩非著）。"买椟还珠"已经成为成语，常用来批评人们做事取舍不得当，抓住了枝节而丢弃了根本。

《女娲补天》是一则神话，出自《淮南子》（汉朝刘安编著）。这则神话故事充分体现了我们的祖先力图征服自然、改造自然的理想。女娲勇敢智慧的形象，给人们留下了深刻的印象。

《陋室铭》是唐朝刘禹锡创作的一篇托物言志的散文，通过对简陋的住所的称颂，表达了作者洁身自好、不与权贵同流合污的品格。

《爱莲说》也是一篇托物言志的散文，作者是宋朝的周敦颐。文章主要赞赏了莲花出淤泥而不染的品质，表达了作者对莲花的喜爱。作者视莲花为知己，实际上是表达了自己追求的高尚品质。

赵人毛亨、毛苌所传《诗》被称为《毛诗》。魏晋以后，齐、鲁、韩三家《诗》

逐渐散失无传，独《毛诗》传世。《毛诗》首篇《关雎》题下的小序后另有一段较长的文字，即《诗大序》，也称为《毛诗序》。本册从《诗大序》中节选的内容是"诗者，志之所之也，在心为志，发言为诗……永歌之不足，不知手之舞之，足之蹈之也"。所选内容不但说明了诗歌的本质，而且指出了诗歌和音乐、舞蹈的内在联系，言简意赅。

　　五篇小古文共安排四个课时完成，因此其中《陋室铭》《爱莲说》《诗大序（节选）》三篇小古文需要详细解读，并背诵全文，另外两篇小古文只要读通，背诵画线的重点句子即可。教师也可以自主选择其中三篇小古文精读，各用一个课时。

小古文教学案例

一、教学内容：《陋室铭》

二、教材解读

（一）课文简介

　　《陋室铭》为唐代诗人刘禹锡所作。"铭"是古代的一种文体，多为告诫、勉励自己而作。刘禹锡通过具体描写"陋室"的赏心悦目、主人的美好德行来表达自己安贫乐道的情怀以及洁身自好、不与权贵同流合污的品格。

　　全文篇幅不长，仅有81个字，但其集描写、抒情、议论为一体。文章运用了对比、白描、隐喻、用典等手法，而且押韵，因此文章韵律感极强，读来节奏分明、音韵和谐，让人回味无穷。其思想性和艺术性都很高，所以能传诵至今，脍炙人口。本课设置在小学三年级，因此对其写作手法不作学习要求，学生能够通过诵读感受文章的优美即可。

（二）字句梳理

　　1. 斯是陋室（lòu shì），惟吾德馨（xīn）。

　　斯：指示代词，此，这。是：表肯定的判断动词。陋室：简陋的屋子，这里指作者自己的屋子。惟：只。吾：我。馨：散布很远的香气，这里指（品德）高尚。《尚书·君陈》："黍稷非馨，明德惟馨。"

　　2. 苔痕上阶绿，草色入帘青。

　　上：长到。入：映入。

　　3. 谈笑有鸿儒，往来无白丁。

　　鸿儒：大儒，这里指博学的人。白丁：无官职的平民。这里指没有什么学问的人。唐代的制度，平民穿白色衣服，故称"白丁"。

　　4. 可以调（tiáo）素琴，阅金经；无丝竹之乱耳，无案牍之劳形。

　　调：调弄，这里指弹（琴）。素琴：不加装饰的琴。金经：用泥金（一种颜料）书写的佛经。丝竹：琴瑟、箫管等乐器的总称。丝，指弦乐器；竹，指管乐器。案牍：公文，文书。

5. 南阳诸葛庐，西蜀子云亭。

南阳有诸葛亮的草庐，西蜀有扬子云的亭子。意思是说，诸葛庐和子云亭都很简陋，因为居住的人很有名，所以受到人们的景仰。

6. 孔子云："何陋之有？"

孔子说的这句话见于《论语·子罕》："子欲居九夷，或曰：'陋，如之何？'子曰：'君子居之，何陋之有？'"作者在此去掉"君子居之"四字，既体现他谦虚的品格，亦喻自己为"君子"，点明全文。这句话也是点睛之笔，是全文的文眼。

（三）课文大意

山不一定要高，只要有仙人居住就能天下闻名；水不一定要深，只要有蛟龙居住就能降福显灵。这虽然是一间简陋狭小的房子，但是我这个主人有美好的德行，所以使它充满芳香。苔藓给石阶铺上绿毯，芳草使主人赏心悦目。这里谈笑的都是博学多识的人，来往的没有不学无术的浅薄之徒。高兴时，可以弹奏清雅的古琴；安静时，可以阅读泥金书写的佛经。没有嘈杂的音乐扰乱双耳，没有官府的公文劳累身心。它似南阳诸葛亮的草庐，如西蜀扬子云的草屋。孔子说："这样的房子有什么简陋的呢？"

三、教学目标

1. 能流利、正确地朗读文章，直至背诵全文。
2. 了解文章的大意，了解"铭"的意思，学会用座右铭激励自己。
3. 体会作者洁身自好、安贫乐道的高尚品质。

四、教学过程

（一）温故篇

1. 复习背诵《声律启蒙》"一东"。

（男女生对背）沿对革，异对同，白叟对黄童。江风对海雾，牧子对渔翁。颜巷陋，阮途穷，冀北对辽东。池中濯足水，门外打头风。梁帝讲经同泰寺，汉皇置酒未央宫。尘虑萦心，懒抚七弦绿绮；霜华满鬓，羞看百炼青铜。

2. 谈话导入新课：（出示"颜巷陋"图片，即一间简陋的房子）同学们，刚才我们背诵了"颜巷陋，阮途穷，冀北对辽东"，你们还记得"颜巷陋"是讲谁的故事吗？

（1）（出示）子曰："贤哉回也，一箪食，一瓢饮，在陋巷，人不堪其忧，回也不改其乐。贤哉，回也！"——《论语·雍也》

（译文：孔子说："贤德啊，颜回吃的是一小筐饭，喝的是一瓢水，住在简陋的小房，别人都受不了这种贫苦，颜回却不改变向道的乐趣。贤德啊，颜回。"）

（2）揭示课题"陋室铭"，齐读课题。

出示《陋室铭》最后一句话："子曰：'何陋之有？'"激发学生主动品读《陋室铭》。

（二）知新篇

1. 诵读文本，准确流畅。

（1）教师范读，注意读生字时语音稍重，学生认真听读字音，再跟着教师全文齐读一次。

（2）字词学习。

　　lòu　míng　　xīn　　hén　　rú　dú　shǔ
　　陋室铭　德馨　苔痕　鸿儒　案牍　西蜀

多音字：调（tiáo）素琴

屏幕出示难字，学生结合注释把字音读准。

（3）了解《陋室铭》作者、写作背景及"铭"这种文体。

刘禹锡，唐代文学家、哲学家。因为参加政治革新运动得罪当朝权贵，被一贬再贬，半年间搬了三次家，住所一次比一次简陋。在此背景下，他写下《陋室铭》。

"铭"是古代刻在器物上用来警诫自己或者称述功德的文字，后来成为一种文体，多为告诫、勉励自己而作。

（4）学生初步自读，要求既准确又流畅。

2. 多种形式，读出韵味。

（1）教师指导学生用多种形式诵读：个别读，男女读，小组比赛读。

（2）标出每个句子的停顿及节奏，再次练读。

这是一篇铭文。铭文非常重视音韵，这篇文章韵律感强，节奏明快，读起来朗朗上口，充满了音乐美。请同学们默读课文，留心观察书上的注音，在课文中圈出押韵的字，想一想，这些字的韵母都是什么？（押韵的字有：名、灵、馨、青、丁、经、形、亭；押的韵是：ing）

（3）出示全文，指导学生掌握正确的停顿和读音，并在押韵字后面作出特别标注。学生读到此处时，要注意读出韵味。

（4）请同学展示读、挑战读；齐读。

3. 说文解字，图释大意。

（1）结合注释，了解文章的大意。

（2）学生质疑，提出不理解的词语或句子；互相答疑。

（3）小组交流对文章的理解；请学生用自己的话说说文章的大意。

（4）找出文中的中心句（"斯是陋室，惟吾德馨"），并能用自己的话说出中心句的意思。

（5）出示"诸葛庐""子云亭"的图片，感受作者不慕名利、安贫乐道的生活情趣。

（6）说说对"何陋之有"的理解。

（三）致用篇

1. 导入。

（1）看图评论。

（图片一）生日会大肆请客。

（图片二）炫耀自己的鞋子是名牌。

（图片三）嘲笑别人家的房子小、破。

（2）小结：我们不应该攀比物质上的奢华。父母的一切是他们通过努力工作获取的，不应该成为炫耀的资本。作为小学生，我们靠自己的努力获得学习成绩、劳动成绩，才是真正的本领！

（3）（出示教师本人的或者名人的座右铭）指导学生写座右铭。

我的座右铭是＿＿＿＿＿＿＿＿＿＿＿＿＿＿＿＿＿＿＿＿。

2. 有感情、有节奏地齐背全文。

（四）布置作业

1. 背诵全文。
2. 课后搜集刘禹锡的古诗，并尝试背两首。

五、教学资源

（一）《陋室铭》的创作背景

刘禹锡在任监察御史期间，曾经参加了王叔文的"永贞革新"，反对宦官和藩镇割据势力。革新失败后，他被贬至安徽和州县当一名小小的通判。按规定，通判在县衙里住三间三厢的房子。可和州知县看人下菜碟，见刘禹锡是被贬下来的，就故意刁难他。先是安排他在城南面江而居，刘禹锡不但无怨言，反而很高兴，还随意写下两句话，贴在门上："面对大江观白帆，身在和州思争辩。"和州知县知道后很生气，吩咐衙里差役把刘禹锡的住处从县城南门迁到县城北门，面积由原来的三间减少到一间半。新居位于德胜河边，附近垂柳依依，环境也还可心，刘禹锡仍不计较，并见景生情，又在门上写了两句话："垂柳青青江水边，人在历阳心在京。"那个知县见其仍然悠闲自乐，满不在乎，便再次派人把他调到县城中部，而且只给他一间只能容下一床、一桌、一椅的小屋。

半年时间，知县强迫刘禹锡搬了三次家，面积一次比一次小，最后仅是斗室。想到这个势利眼的狗官实在欺人太甚，刘禹锡遂愤然提笔写下这篇超凡脱俗、情趣高雅的《陋室铭》，并请人刻上石碑，立在门前。

（二）刘禹锡的诗歌

乌衣巷

朱雀桥边野草花，乌衣巷口夕阳斜。

旧时王谢堂前燕，飞入寻常百姓家。

望洞庭

湖光秋月两相和，潭面无风镜未磨。

遥望洞庭山水色，白银盘里一青螺。

浪淘沙·九曲黄河万里沙

九曲黄河万里沙，浪淘风簸自天涯。

如今直上银河去，同到牵牛织女家。

竹枝词二首·其一

杨柳青青江水平，闻郎江上踏歌声。

东边日出西边雨，道是无晴却有晴。

第五部分　国学小天地

本年级书法和国画部分分别介绍了隶书和简单的水墨风景画。

书法：了解隶书的产生以及它的审美特点。

国画：了解水墨风景画，学习泼墨等简单的表现技法。

书法教学案例

一、教学目标

1. 了解隶书产生、发展的社会、文化、历史原因以及它在汉字与书法发展历史上的重要意义。

2. 了解隶书的风格特点和审美特征，会辨别隶书字体。

3. 培养练写隶书的兴趣。

二、教学重点和难点

了解隶书的审美特征，掌握一些专业术语，会辨别隶书字体。

三、学法指导

（一）隶书的起源和发展

隶书也叫"隶字""古书"，是在篆书基础上，为适应书写便捷的需要而产生的字体。隶书将小篆加以简化，又把小篆匀圆的线条变成平直方正的笔画，便于书写，分"秦隶"（也叫"古隶"）和"汉隶"（也叫"今隶"）。

隶书相传是秦代书家程邈所作。程邈，字元岑，初为县之狱吏，他对文字很有研究，后因得罪了秦始皇，被囚于云阳（今陕西省淳化西北）狱中。他有感于当时官狱公牍繁多，篆书结构复杂，书写不便，因此就动脑筋把它改革，在原来大小篆的基

础上加以整理，削繁就简，字形变圆为方，笔画改曲为直，改"连笔"为"断笔"，从线条到笔画，更便于书写，拟定了一套日常应用的标准隶书，成隶书 3000 字奏之。秦始皇看后很欣赏，不但赦免了他的罪，而且起用其为御史，并以其所造的隶书发交官狱应用佐书，故曰"隶书"。

西汉初期仍然沿用秦隶的风格，到王莽新朝时期开始发生重大变化，产生了点画的波尾的写法。到东汉时期，隶书衍生了众多风格，并留下大量石刻。《张迁碑》《曹全碑》是这一时期的代表作。

（二）隶书的结构特点

隶书是从篆书发展而来的，隶书是将篆书化繁为简，化圆为方，化弧为直。

1. 字形扁方，左右分展。

隶字一反篆字纵向取势的常态，而改以横向（左右）取势，造成字形尚扁方，笔画收缩纵向笔势而强化横向分展。

2. 起笔蚕头，收笔雁尾。

这是隶书用笔上的典型特征，特别是隶字中的主笔横、捺画几乎都用此法。"起笔蚕头，收笔雁尾"即所谓"蚕头雁尾"，指在起笔藏锋的用笔过程中，同时将起笔过程所形成的笔画外形写成一种近似蚕头的形状，在收笔处按笔后向右上方斜向挑笔出锋。

3. 蚕无二设，雁不双飞。

蚕无二设、雁不双飞是对隶书结体的一种基本要求，即在一个字之中，只能有一个横画带蚕头雁尾，通常作为一个字的主笔出现。

4. 化圆为方，化弧为直。

这是隶书简化篆书的两条基本路子。不过，如果不了解篆书的圆，就不易掌握好隶书的方。因为隶笔中的直画或方折，无不包藏着篆字的弧势，所以隶笔的直往往有明显的波动性，富于生命力。

5. 变画为点，变连为断。

我们知道篆字不用点，即使用点也只是一种浑圆点。而隶书中点已独立出来，不再依附于画，而且点法也日益丰富，有平点、竖点、左右点、三连点（水旁）、四连点（火旁）等。此外，隶书还将篆字中许多一笔盘旋连绵写成的笔画断开来写，后来楷书更发挥了这种方式，允许笔与笔间出现衔接痕迹，甚至笔断意连。

6. 强化提按，粗细变化。

写篆书时用笔的纵向提按要求不现痕迹，而隶书则有意强调提按动作，形成笔画轨迹显著的粗细、转承变化，起、行、收用笔的三个过程都有了明确的体现。这与后来的楷书已很相近。

（三）《曹全碑》

《曹全碑》是汉代隶书的代表作品，用笔圆劲似篆书，如以锥画石，笔笔中锋，转折提按非常明显，且富于变化。结体扁宽平正，点画圆润秀丽。从韵律方面看，碑中夸张的写法，有规律的波磔、波挑自然不断地反复出现，与其他较短而又粗细变化的点线配合，形成里舒外缓、微波荡漾的节奏。

国画教学案例

一、教学目标

1. 学习山石树木的画法（比如皴法），运用笔、水、墨、色表现简单的水墨风景画。

2. 运用学过的水墨技法感受分析山水画作品，大胆表述自己对画中所表现意境的理解。

3. 在体验、探索、游戏中感受水墨独特的绘画语言，体会中国画的艺术之美。

二、教学重点和难点

墨色浓淡变化和景物虚实处理的方法，树木的表现方法。

三、学法指导

1. 欣赏画家倪瓒的作品《渔庄秋霁图》。感受作品三段式构图的特色。上段为远景，三五座山峦平缓地展开；中段为中景，不着一笔，以虚为实，权作渺阔平静的湖面；下段为近景，坡丘上数棵高树，参差错落，枝叶疏朗，风姿绰约。体会浓淡干湿相错的墨色变化所表现的效果以及作者以线为主表现的山石树木的画法。

2. 结合对作品的感受，学习笔墨的基本方法、点线的运用、中锋和侧锋的用笔方法。

3. 学习用点线面和简单的皴法、点染法、吹墨法等技法表现树木山石。画树要点：下笔先取势，确定树干姿态，再根据树木结构规律完成；树木前后左右穿插自然，树木组合要有大小之别，忌根顶俱齐，等距排列；点叶要注意聚散结合。

4. 创作一幅简单的水墨风景画。

学年总结与评价建议

（关于"国学雏鹰奖章"）

"国学雏鹰奖章"评价表根据《少儿国学读本》每册学习内容而设计，评价目的在于考查学生一学年的学习情况。评价目标和评价主体多元化，尊重学生的个体差异，全体学生都要达到基本要求，鼓励学有余力的学生对自己设定更高的目标。评价中设置了自己、家长、伙伴、老师四个评价员，只要能完成评价表的学习内容，达到学习目标，均可评为"合格"，从而获得"国学雏鹰奖章"。该评价表旨在让学生体验个人进步的乐趣和达成目标的成就感，进而促进学生自主学习，朝着下一个目标迈进。

"国学雏鹰奖章"三级评价表

序号	学习内容、目标	评价情况			
		自己评	家长评	伙伴评	老师评
1	熟练背诵本册20句名言，了解名言大意。				
2	熟练背诵本册20首古诗词。能说出诗词题、作者，并说说诗词的大意。				
3	背诵《大学》第1段至第18段，熟读其他段落。背诵《声律启蒙》。				
4	熟读本册小古文5篇。背诵《陋室铭》《爱莲说》《诗大序（节选)》，其他篇章背诵画线的名句。				
5	了解中国书法的特点；了解中国画的特点，学画中国画。				

评价说明：

1. 学习情况由四个人参与评价。
2. 能完成上表中的每项学习内容，即可获得"国学雏鹰奖章"。

"国学雏鹰奖章"三级达标评价确认表

_____年_____班学生_____在_____年_____月经评价考核，

可获取一级"国学雏鹰奖章"。

评价员签名：自己_____ 伙伴_____

家长_____ 老师_____

大队部盖章

年   月   日

三年级

95

四年级

教学建议

教学进度安排（参考）

	周次	教学内容	课时安排
上学期	第1周	名言——诚信主题	1课时
	第2周	名言——自强主题	1课时
	第3周	名言——勤俭主题	1课时
	第4周	《水调歌头·明月几时有》《夜月》	1课时
	第5周	《如梦令·昨夜风疏雨骤》《山园小梅》	1课时
	第6周	《青玉案·元夕》《寒食》	1课时
	第7周	《卜算子·咏梅》《狱中题壁》	1课时
	第8周	《行路难三首（其一）》《南园十三首（其五）》	1课时
	第9周	简介孔子及《论语》	1课时
	第10周	通读并串讲《论语·学而篇第一》（一）	1课时
	第11周	通读并串讲《论语·学而篇第一》（二）	1课时
	第12周	通读并串讲《论语·学而篇第一》（三）	1课时
	第13周	精讲《论语》之孝道	1课时
	第14周	通读并串讲《论语·为政篇第二》（一）	1课时
	第15周	通读并串讲《论语·为政篇第二》（二）	1课时
	第16周	小结并复习本学期国学学习内容《论语·为政篇第二》（三）	1课时
下学期	第1周	精讲《论语》之学习之道	1课时
	第2周	通读《论语·八佾篇第三》	1课时
	第3周	精讲《论语》之交友之道	1课时
	第4周	通读《论语·里仁篇第四》（一）	1课时
	第5周	通读并串讲《论语·里仁篇第四》（二）	1课时
	第6周	精讲《论语》之君子之道（一）	1课时
	第7周	通读并串讲《论语·公冶长篇第五》（一）	1课时
	第8周	通读并串讲《论语·公冶长篇第五》（二）	1课时
	第9周	《自相矛盾》	1课时
	第10周	《马说》	1课时
	第11周	《湖心亭看雪》	1课时

	周次	教学内容	课时安排
下学期	第12周	《庖丁解牛（节选）》《兰亭集序（节选）》	1课时
	第13周	国学小天地	1课时
	第14周	国学小天地	1课时
	第15周	期末复习名言、诗词、小古文、《论语》	1课时
	第16周	期末考核	1课时

第一部分　名言

　　《少儿国学读本·四年级》名言部分以"诚信""自强""勤俭"为主题，精选了20句经典名言。名言正文按照"名言—出处—注解"方式呈现。

　　诚信、自强、勤俭都是中华民族的传统美德，诚信是做人的基本道德准则；自强能帮助我们健康成长、努力学习，是将来成就事业的强大动力；勤俭不仅仅能积累财富，还能培养艰苦创业的精神和奋发向上的品质。这三个篇章中的20句名言既包含深刻的哲理，读起来又具有极强的音韵美，根据中年级学生的认知发展特点，建议在教学中以诵读积累为主，理解运用为辅。学习过程中重在读通、读顺，以读带讲、以读助悟、以读促学，以达到熟读成诵的目的。

名言教学案例

一、教学内容：名言——自强主题

　　1. 天将降大任于斯人也，必先苦其心志，劳其筋骨，饿其体肤，空乏其身，行拂乱其所为。

　　2. 以修身自强，则名配尧禹。

　　3. 能胜强敌者，先自胜者也。

　　4. 老骥伏枥，志在千里；烈士暮年，壮心不已。

　　5. 穷且益坚，不坠青云之志。

　　6. 眼前多少难甘事，自古男儿当自强。

二、教材解读

（一）名言简介

1. 天将降大任于斯人也，必先苦其心志，劳其筋骨，饿其体肤，空乏其身，行拂乱其所为。

本句出自《孟子·告子下》，强调一个人要承担起时代赋予的伟大使命，往往要经过一系列的磨难和挫折。只有这样，才能磨炼意志，增长才干，成就大业。

2. 以修身自强，则名配尧禹。

本句出自《荀子·修身》，强调修身可以成为自强的一种途径。修身是儒家传统道德的一项重要要求，是指自我完善，严格按社会道德规范要求自己。荀子认为如果一个人的言行举动都能合乎道德准则，那就与中国古代历史上两位德才兼备的贤王尧、禹差不多了。

3. 能胜强敌者，先自胜者也。

本句出自《商君书·画策》，原是强调与强敌战斗的人，必须要有充分的自信，先要战胜自己。也适用于人们生活的各个方面，即做事情应该树立坚定的信心，勇于战胜自己的弱点，磨砺坚强的意志。

4. 老骥伏枥，志在千里；烈士暮年，壮心不已。

本句出自三国时期曹操的《龟虽寿》，诗中曹操自比一匹上了年纪的千里马，虽然形老体衰，屈居枥下，但依旧胸怀雄心壮志，自强不息。

5. 穷且益坚，不坠青云之志。

本句出自唐朝王勃的《滕王阁序》，是文中最富有思想意义的警语，警示人们不要因为年华易逝和处境艰难就自暴自弃，越是困难的时候越要坚强，永远不要放弃心中的理想。

6. 眼前多少难甘事，自古男儿当自强。

本句出自唐朝李咸用的《送人》，激励人们面对人生困境，不能意志消沉、丧失信心，要勇敢面对困难，自强自立。不论难事易事，只有自强不息、奋斗不止，才能有收获。

（二）字句梳理

1. 天将降大任于斯人也，必先苦其心志，劳其筋骨，饿其体肤，空乏其身，行拂乱其所为。

任：责任，担子。必：一定。苦：动词的使动用法，使……苦恼。心志：意志。劳：动词的使动用法，使……劳累。饿：动词的使动用法，使……饥饿。体肤：肌肤。空乏：形容词的使动用法，使……穷困。拂：违背，不顺。乱：错乱。拂乱：形容词的使动用法，使……颠倒错乱。所为：所做的事情。

释义：上天要把重任降临在某人的身上，一定先要使他心意苦恼，筋骨劳累，忍饥挨饿，身体空虚乏力，使他所做的每件事情都不如意。

2. 以修身自强，则名配尧禹。

名：名声。配：配得上。尧禹：中国古代历史上的两位德才兼备的贤王。

释义：通过修身养性达到自强，则名声可与古代圣贤尧、禹齐名。

3. 能胜强敌者，先自胜者也。

释义：能战胜强大敌人的人，首先应当是能够战胜自己（弱点）的人。

4. 老骥伏枥，志在千里；烈士暮年，壮心不已。

骥（jì）：良马，千里马。枥（lì）：马槽。烈士：有远大抱负的人。暮年：晚年。已：停止。

释义：年老的千里马虽然伏在马槽旁，雄心壮志仍是驰骋千里；壮志凌云的人士即便到了晚年，奋发思进的心也永不止息。

5. 穷且益坚，不坠青云之志。

穷：不得志，处境艰难、窘迫。益：更加，越发。坚：坚定。坠：坠落，引申为放弃、抛弃。

释义：境遇虽然困苦，但节操应当更加坚定，决不能抛弃自己的凌云壮志。

6. 眼前多少难甘事，自古男儿当自强。

难甘事：困难的事、不如意的事。自古：从来，从古以来。

释义：不论眼前有多少不如意的事，男儿从来都要自强自立。

三、教学目标

1. 能够准确、流利地朗读并背诵自强主题的六句名言。

2. 能够借助注释大致理解六句名言的意思，了解孙膑、司马迁、苏武、张海迪等自强不息的名人的事迹。

3. 懂得无论在什么环境下都要树立坚定的信心，磨砺意志，做自强不息的人。

四、教学过程

（一）温故篇

1. 课前大练兵。

（1）"开火车"背诵《大学》部分段落。

（2）名言对对碰。

天行健，_____。

胜人者有力，_____。

路曼曼其修远兮，_____。

生于忧患，_____。

2. 小结，导入新课。

刚才同学们复习的名言都是有关自强主题的，自古以来，我国都强调君子应是自强自立的人，在各类文学经典中留下了许多与自强有关的名言，今天我们就来学习其中的几句。（板书：名言——自强主题）

（二）知新篇

1. 初读名言——正音。

（1）出示六句名言，自由朗读，注意读准字音。

（2）指名分句朗读名言，正音"筋（jīn）骨""拂（fú）乱""尧（yáo）禹（yǔ）""老骥（jì）伏枥（lì）"。

（3）全班齐读。

2. 精读名言——悟意。

（1）结合注释，自由理解名言的意思。

（2）同桌交流名言的意思。

（3）指名说名言的意思，教师相机指导理解难懂的句子，介绍创作背景及相关人物事例。

①天将降大任于斯人也，必先苦其心志，劳其筋骨，饿其体肤，空乏其身，行拂乱其所为。

师：这句话中的"斯人"指的是谁？（某人，一个人）

句中的四个"其"字是什么意思呢？（他的，指某人的）

"苦其心志""劳其筋骨""饿其体肤""空乏其身""行拂乱其所为"是什么意思？我们也可以把它们统称为什么呢？（困难和挫折）

教师小结：一个人要想成就大业，一定要历经困难和挫折的磨炼。

②以修身自强，则名配尧禹。

师：这句名言中有两个人——尧和禹，他们是中国古代历史上两位德才兼备的贤王。（课件出示关于尧、禹的小故事）

③老骥伏枥，志在千里；烈士暮年，壮心不已。

师：请同学们结合注释说说这句话的意思。这句话出自三国时期曹操的《龟虽寿》，曹操当时53岁，回想起自己的人生路程，无限感慨，表达了他乐观向上、自强不息的精神。（课件出示曹操图像和《龟虽寿》全文）

（4）齐读名言，师生小结。

一个人在成长的过程中总是会遇到各种困难和挫折，无论身处何种环境，都要坚定信心，自强不息。

3. 介绍我国古代孙膑、司马迁自强不息的事例。

（三）致用篇

1. 说一说：你知道古今中外有哪些自强不息的名人吗？说说他们的事例。
（勾践、苏武、霍金、贝多芬、张海迪、海伦·凯勒……）

2. 背诵积累自强主题的名言。

五、教学资源

（一）司马迁与《史记》

司马迁是西汉史学家、散文家，官任太史令。他为李陵事件中投降匈奴的李陵求情，因此被汉武帝认为是在为李陵辩护，触怒了汉武帝，遂被抓了起来，并遭受宫刑。司马迁在狱中发奋图强，自强不息，忍受了常人所不能忍受的痛苦，继续完成所著史籍《史记》，被后世尊称为史迁、太史公、历史之父。他以其"究天人之际，通古今之变，成一家之言"的史识创作了中国第一部纪传体通史《史记》（原名"太史公书"），它被公认为中国史书的典范。该书记载了从上古传说中的黄帝时期，到汉武帝元狩元年，长达 3 000 多年的历史，是"二十五史"之首，被鲁迅誉为"史家之绝唱，无韵之离骚"。

（二）自强不息的张海迪

张海迪小时候因患脊髓血管瘤导致高位截瘫。在残酷的命运挑战面前，她没有沮丧，没有沉沦，以顽强的毅力与疾病作斗争。她虽然没有机会走进学校的大门，却发奋学习，学完了小学、中学全部课程，还自学了大学英语、日语、德语和世界语，攻读了本科和硕士研究生的课程。她还以顽强的毅力克服着病痛，先后翻译了数十万字的英语小说，编著了《生命的追问》《轮椅上的梦》等书籍。她曾获得"全国劳动模范""世界五大杰出残疾人"称号。

（三）唐尧与夏禹

尧是中国上古时期方国联盟首领、"五帝"之一，也称"唐尧"。尧在位期间完善政治、治理水患、制定历法、访纳贤能、勤俭听谏。他设置谏言之鼓，让天下百姓尽其言；立诽谤之木，让天下百姓攻击他的过错。百家诸子书籍中评价尧"文治和武功俱臻美备，为古昔圣王"。

禹是夏朝的第一位天子，因此后人也称他为"夏禹"。他是中国古代与尧、舜齐名的贤圣帝王，为中华民族的历史发展作出了巨大贡献。禹在位时，为治理水患，费尽脑筋，不怕劳苦，也不敢休息，亲自率领老百姓风餐露宿，整天在泥水里疏通河道，曾三过家门而不入。经过 13 年的治理，他克服重重困难，终于取得了治水的成功，后人感念他的功绩，为他修庙筑殿，尊他为禹神。

第二部分　古诗词

本册教材选编了 20 首古诗词，分为景趣、节俗、节操、志向四个主题。每首诗包括诗名、朝代、作者、内容、注释五方面内容。

景趣主题8首，由田园山水诗和咏物诗两部分组成。《滁州西涧》写涧水边的幽雅景致，表达诗人的安贫守节；《兰溪棹歌》写春夜江边山水之美、渔民之乐，表现了诗人闲适怡然的心态；《夜月》写初春月夜气候转暖的独特感受；《水调歌头·明月几时有》借中秋之月表达诗人对人世间的悲欢离合的思考，得出积极向上的人生感悟；《早春呈水部张十八员外二首（其一）》由长安初春小雨的清丽引发诗人蓬勃欣悦之情；《如梦令·昨夜雨疏风骤》写诗人酒醒问花的爱花惜花之情；《山园小梅》写梅花淡雅的姿态、高洁的品性，表明诗人孤高幽逸的生活情趣；《诗经·小雅·鹤鸣》被称为中国山水田园诗之祖，写出了诗人漫游荒野时所听所看所想。

节俗主题3首，《青玉案·元夕》写元宵节绚丽多彩的热闹；《婺州水馆重阳日作》写重阳节独在异乡思念亲人、借酒消愁的凄凉；《寒食》写寒食节长安的迷人春景及贵族家走马传烛的情形。

节操主题5首，《赐萧瑀》表达皇帝对忠臣的称赞；《画菊》《卜算子·咏梅》《赠从弟》借菊、梅、松这些自然景物分别称颂忠于祖国、不与世俗同流合污、坚忍不拔的高尚精神；《狱中题壁》以大无畏的气概描写了一个视死如归、舍生取义的革命志士形象。

志向主题4首，《蝉》托物寓意，用蝉的形体、习性、声音暗示自身高洁的志向；《行路难三首（其一）》用大量篇幅描写遇到的重重困难，最后两句表明作者乐观向上的豪迈之情，成为励志的千古绝句；《南园十三首（其五）》表达作者身经家国之痛却渴望建功立业；《诗经·周南·关雎》本是爱情诗，这里解释成表达对美好事物的执着追求。

经过三年的积累，学生已经形成一套学习诗歌的方法：读，可以吟、可以诵、可以唱；理解，首先借助注释，其次找背景、知作者；表达，诗配画、画引诗、说片段、连成文。教师应该尽量放手让学生自学、主讲。四年级还选编了四首词，在教学中可以介绍有关词的初步知识和诗歌发展史。

建议20首古诗词中有10首安排5个课时完成，每课时学习两首古诗词，一首精讲，一首诵读或略讲，教师可以自主选择其中10首指导学生学习，剩下的10首放在每天的10分钟诵读时间略讲并指导吟背。20首全部要求背诵。

古诗词教学案例

一、教学内容：《青玉案·元夕》

二、教材解读

（一）诗词简介

《青玉案·元夕》是宋代词人辛弃疾的作品。词分上下两阕，全词采用对比手法，上阕写元宵节灯火辉煌、歌舞欢腾的热闹场面；下阕写盛装打扮，头插蛾儿、雪柳的女子结伴而来，词人却在寻找一位孤高淡泊、超群拔俗的朋友，表现词人政治失意后，不愿与世俗同流合污的孤高品格。这首词构思精妙，语言精致，含蓄婉转，余味无穷。尤其是"众里寻他千百度，蓦然回首，那人却在，灯火阑珊处"一句，深受称颂。学者王国维把这种境界称为成大事业者、大学问者的第三种境界。

（二）诗词大意

夜晚的东风将元宵的灯火吹得如千树花开，更让焰火看起来像是被吹落的万点流星。华丽的马车香气洋溢在行驶的路上。凤箫吹奏的乐曲飘动，与流转的月光在人群之中互相交错。整个晚上，此起彼伏的鱼龙花灯在飞舞着。

美人的头上都戴着亮丽的饰物，面带微笑随人群走过，身上香气飘洒。我千百次寻找她，都没找到，不经意间一回头，却看见她站立在灯火零落之处。

三、教学目标

1. 正确、流利地朗读、背诵词。
2. 根据注释说出词的大意，品味千古名句"众里寻他千百度，蓦然回首，那人却在，灯火阑珊处"。
3. 了解辛弃疾及这首词的创作背景，感悟词人不愿与世俗同流合污的孤高品格和爱国情怀。

四、教学过程

（一）温故篇

1. 通过小组轮背、男女对背、全班齐诵等方式复习《一剪梅·舟过吴江》《水调歌头·明月几时有》《如梦令·昨夜雨疏风骤》。
2. 让学生讲讲这些作品在体裁上都属于什么，分析词牌名和题目，介绍我国每个历史时期具有代表性的诗歌体裁。（见教学资源）

（二）知新篇

1. 解题导入。

青玉案是词牌名，元夕是题目。元夕是指阴历正月十五，是我国传统节日元宵节，又称元夜。宋代在元夕有观灯、放焰火、猜字谜等风俗。

2. 初读诗词。
（1）学生自由读词，借助文下注释中的拼音，读准读通。
（2）听范读，大家齐读。
（3）多种形式读词。
3. 整体感知。
（1）同学们在读完这首词后，首先浮现在脑海中的是什么画面？（一个热闹非凡的夜晚）
（2）说说作者描写了什么景象？（花灯、焰火、马车、音乐、月亮、舞龙灯、很多美女）

（3）谁来把这首词的意思完整地说一遍呢？

（4）辛弃疾写这首词只是为了写一个热闹的元夕吗？（为了写寻找的那个人）

4．感悟情感。

（1）介绍作者生平和词作的写作背景。（见教学资源）

（2）让学生说说作者想要表达什么。（这首词表面上是写节日里热闹的气氛，实际上从"众里寻他千百度，蓦然回首，那人却在，灯火阑珊处"这句可以看出作者不愿同流合污，醉生梦死，而是想找个知音，一起实现收复国土的理想）

（三）致用篇

1．带着对词的理解，再次诵读整首词。

2．说说你读了这首词，会对作者说些什么？

3．背诵词。

4．你还知道辛弃疾的其他作品吗？

（四）布置作业

1．背诵《青玉案·元夕》给父母听，再向父母口述最后一句的词意。（必做题）

2．和父母一起熟读成诵《寒食》。（必做题）

3．查一查关于节俗的其他诗词。（选做题）

五、教学资源

（一）我国诗歌发展简史

我国最早的诗歌总集《诗经》收集了西周初年至春秋中叶的诗歌，共三百零五篇，故又称《诗三百》；战国时期的诗歌代表作为楚国屈原的《离骚》；我国的诗歌发展至汉魏之间，出现一个新的局面，主要是乐府诗、民间歌辞与文人五言诗；魏晋南北朝时期，是五言诗发展的全盛时期，而且开始形成不同风格的诗体，主要有建安体、正始体、永嘉体、陶体、谢体、永明体等；唐代是我国诗史上的黄金时代，各体诗歌全面成熟；词起源于唐代；宋词是我国诗史上又一高峰；元代是散曲和杂剧兴盛的时代；明清两朝是戏曲和小说兴盛的时代。

简称为：汉赋、唐诗、宋词、元曲、明清小说。

（二）辛弃疾简介及词作创作背景

辛弃疾（1140—1207），南宋豪放派词人，字幼安，号稼轩，历城（今山东济南）人。人称"词中之龙"，与苏轼合称"苏辛"，与李清照并称"济南二安"。他二十一岁参加抗金义军，不久投归南宋。历任江阴签判、建康通判、江西提点刑狱、湖南湖北转运使、湖南江西安抚使等职。四十二岁遭谗落职，退居江西信州，长达二十年之久，其间一度起为福建提点刑狱、福建安抚使。六十四岁再起为浙东安抚使、镇江知府，不久罢归。一生力主抗金北伐，并提出有关方略《美芹十论》等，均未被采纳。其词热情洋溢、慷慨激昂，富有爱国感情。

这首词作于南宋淳熙元年（1174）或二年（1175）。当时，强敌压境，国势日衰，而南宋统治阶级却不思恢复，偏安江左，沉湎于歌舞享乐，以粉饰太平。洞察形势的辛弃疾，欲补天穹，却恨无路请缨。他怀着满腹的激情、哀伤、怨恨，写成了这首《青玉案·元夕》。

（三）关于节俗的诗词

元日

（宋）王安石

爆竹声中一岁除，春风送暖入屠苏。

千门万户瞳瞳日，总把新桃换旧符。

生查子·去年元夜时

（宋）欧阳修

去年元夜时，花市灯如昼。

月到柳梢头，人约黄昏后。

今年元夜时，月与灯依旧。

不见去年人，泪湿春衫袖。

清明

（唐）杜牧

清明时节雨纷纷，路上行人欲断魂。

借问酒家何处有？牧童遥指杏花村。

鹊桥仙·纤云弄巧

（宋）秦观

纤云弄巧，飞星传恨，银汉迢迢暗渡。

金风玉露一相逢，便胜却人间无数。

柔情似水，佳期如梦，忍顾鹊桥归路！

两情若是久长时，又岂在朝朝暮暮！

[《元日》与《清明》选自《小学生必背古诗词75首》（北京教育出版社2013年版），《生查子·去年元夜时》和《鹊桥仙·纤云弄巧》选自《宋词鉴赏辞典》（上海辞书出版社2015年版）]

105

第三部分　儒道经典

本册教材的儒道经典学习内容是《论语》（第一至五篇），内容如下：

学而篇第一：主要讲"务本"的道理，引导初学者进入"道德之门"。

为政篇第二：主要讲治理国家的道理和方法。

八佾篇第三：主要记录孔子谈论礼乐。

里仁篇第四：主要讲仁德的道理。

公冶长篇第五：主要评价古今人物及其得失。

《论语》是儒家学派的经典著作之一，由孔子的弟子及其再传弟子编撰而成。它以语录体和对话体为主，记录了孔子及其弟子的言行，集中体现了被我们尊称为"大成至圣先师"的孔子的为政以德、仁者爱人的政治思想，诚信处事、智慧生存的人道思想，有教无类、启发诱导的教育思想等，堪称人生的百科全书。与《大学》《中庸》《孟子》《诗经》《尚书》《礼记》《易经》《春秋》并称"四书五经"。

《论语》涉及的领域极其广泛，篇章排列在内容上没有什么必然联系，各章各节独立成篇，形如散珠。虽然有些篇章仅仅是只言片语，但精辟微妙，发人深省，值得我们细细品味。

为便于学习，结合四年级学生年龄特点和《论语》语录体的特点，教学可分为精读和通读两种课型。精读课有 4 个课时，可将《论语》按孝道、学习之道、交友之道、君子之道 4 个主题挑选出学习内容，在精读课学习；通读课有 11 个课时，主要是通读和串讲"学而篇第一"到"公冶长篇第五"的内容，"八佾篇第三"内容较艰涩，不必串讲，只带学生通读即可。建议用 16 个课时完成以上内容。

《论语》 教学案例 （一）

一、教学内容：《论语》之学习之道

1. 温故而知新，可以为师矣。（《论语·为政》）

2. 学而不思则罔，思而不学则殆。（《论语·为政》）

3. 三人行必有我师焉，择其善者而从之，其不善者而改之。（《论语·述而》）

二、教材解读

（一）章句解读

第一则"温故而知新，可以为师矣"是孔子关于学习方法的言论，讲的是"学"与"习"的关系。孔子是爱学习的人，也是善于学习的人，他认为"温故而知新，可以为师矣"。学过的知识，经过多次复习就会有新的理解，有这种习惯的人就可以当老师了。

第二则"学而不思则罔，思而不学则殆"是孔子所提倡的"学""思"结合的一种读书方法，孔子强调学习与思考相结合的重要性，一味读书而不思考，就会因为不能深刻理解书本的意义而陷入迷茫；而如果一味空想而不去进行实实在在的学习和钻研，就会惘然，白费力气。他还说："吾尝终日不食，终夜不寝，以思，无益，不如学也。"也说明如果思考不是建立在学习上，那思考是没有用的，告诫我们只有把学习和思考结合起来，才能学到切实有用的知识，否则就会收效甚微。

第三则"三人行必有我师焉，择其善者而从之，其不善者而改之"是关于学习态度的言论，孔子认为要向优秀的人学习，而见到他人的缺点要及时反省自己，并引以为戒。

（二）字句梳理

1. 温故而知新，可以为师矣。

温：温习。故：学过的内容。新：新的收获，新的感悟。

释义：温习旧知识从而获得新的理解与体会，凭借这一点就可以成为老师了。

2. 学而不思则罔，思而不学则殆。

罔：迷惑。殆：危险。

释义：只学习而不思考，人会被知识的表象蒙蔽而迷惑不解，只思考而不学习，则会因为疑惑而更加危险。

3. 三人行必有我师焉，择其善者而从之，其不善者而改之。

三人：虚指，表示几个人。择：选择。其：他们。从：追随。

释义：几个人在一起行走，其中一定有我值得效法的人。应当选择他们的优点去学习，对他们的缺点，要注意改正。

三、教学目标

1. 反复诵读，读准字音，读出节奏与语气，并通过多种形式朗读达到熟读成诵。

2. 通过诵读、借助注释、小组合作等方式体会每句话的内在含义，理解孔子关于学习态度和学习方法的观点。

3. 联系自身的学习经历，懂得温故知新、学思结合、谦虚谨慎的重要性。

四、教学过程

（一）温故篇

1. 给关于学习的成语填空。

博（　）多才　　不（　）无术　　饱（　）之士
才疏（　）浅　　教（　）相长　　牙牙（　）语
（　）海无涯　　（　）而不厌　　品（　）兼优
（　）以致用　　（　）富五车　　勤（　）好问

2. 出示关于学习的名言的上半句，让学生接下半句。

读书破万卷，_____。

少壮不努力，_____。

书山有路勤为径，_____。

黑发不知勤学早，_____。

3. 背古诗《劝学诗》。

劝学诗

（宋）朱熹

少年易老学难成，一寸光阴不可轻。

未觉池塘春草梦，阶前梧叶已秋声。

4. 教师小结：刚才我们回顾的成语、名言、古诗都与学习有关。我们来认识一下古体字"学"及含义。 字上面有两个交叠的"×"表示练算和习字；两边为" "，突出"手把手"教的含义；"∩"表示练算习字的房屋，下面加" "，表明教的对象。"学"字的造字本义指教孩子算数、习字的校舍，现指通过反复模仿和操作以获得经验、知识、技能。

（二）知新篇

1. 了解孔子。

教育家：孔子一生培养了3 000多名弟子，72位贤人，为国家培养了许多的栋梁之材，是伟大的教育家。

思想家：孔子是伟大的思想家。他的思想影响着几千年后人们的行为。

2. 熟读。

（1）听教师范读。

（2）自由读，读准字音［重点指导"罔（wǎng）、殆（dài）、焉（yān）、矣（yǐ）"］，读通句子。

（3）画出古文的节奏，并引导学生读出节奏。

温故/而知新，可以/为师矣。

学而不思/则罔，思而不学/则殆。

三人行/必有我师焉，择其善者/而从之，其不善者/而改之。

（4）配乐读，读出古文的韵味。

3. 悟意。

（1）组织小组合作学习，研读这三句话。

（2）研读第一句：温故而知新，可以为师矣。

①引导学生用自己的语言谈谈对这句话的理解。

②"故"是什么意思？

③引导学生联系实际谈：温习旧的知识就能得到新的理解和体会，这样的人就可以做老师了。

④博引：谈谈读《三国演义》的体会，从关注情节到读懂人物性格，再到体会人物智慧。

⑤小结：这句话用一个字概括——温。（板书"温"）

（3）研读第二句：学而不思则罔，思而不学则殆。

①"罔"和"殆"是什么意思？

②引导学生进行思辨：为什么学习不思考就会糊涂，只思考不学习就变得危险？

③博引：出示孔子的另一句话"吾尝终日不食，终夜不寝，以思，无益，不如学也"，引导学生体会学思结合的重要性。

④用一个字概括这句话——思。（板书"思"）

（4）研读第三句：三人行必有我师焉，择其善者而从之，其不善者而改之。

①这句话是什么意思？

②"择"的意思是选择。"善者"：好的方面（优点）。"不善者"：不好的方面（缺点）。

③串讲大意：三个人走在一起，其中有一个一定是我的老师，应选择他好的方面去学习，不足的地方去改正。

④情境扮演：找三个同学上台，互相交流一下，别人哪方面值得学习，哪方面做得不好，可以对照自己加以反省。

⑤各抒己见：说说班上同学有哪些优点值得学习，又有哪些不足值得自己反省。

⑥博引：观看视频故事《孔子师项橐》。

⑦引导学生把这句话概括为一个字——择。（板书"择"）

（5）总结孔子的"学习之道"——学习要经常"温"习，要有选"择"地学，还要"学""思"结合。

（三）致用篇

1．导入：要求学生用"从_____句中，我读出了孔子_____的主张"的句式谈谈收获。

2．背诵这三句话。

3．总结：孔子虽然离我们远去了，但是孔子的思想、孔子的智慧仍影响着千秋万代，课后请同学们继续研读《论语》，从中吸取智慧。

五、教学资源

（一）孔子简介

孔子（前551—前479），姓孔名丘，字仲尼，春秋时期鲁国陬邑（今山东省曲阜市）人，中国著名的思想家、教育家，与弟子周游列国十四年，晚年修订六经，即《诗》《书》《礼》《乐》《易》《春秋》。相传孔子有弟子三千，其中有贤人七十二。孔子在古代被尊奉为"天纵之圣""天之木铎"，是当时社会上的最博学者之一，被后世统治者尊为孔圣人、至圣、至圣先师、大成至圣文宣王先师、万世师表。孔子去世后，其弟子及其再传弟子把孔子及其弟子的言行和思想记录下来，整理编成儒家经典《论语》。

（二）视频故事《孔子师项橐》

（三）成语故事《韦编三绝》

孔子一生勤奋学习，到了晚年，他特别喜欢《易经》。《易经》是很难读懂的，学起来很吃力，可孔子不怕吃苦，反复诵读，一直到弄懂为止。孔子所处的时代，还没有发明纸张，书是用竹简或木简写成的，既笨又重。把许多竹简用皮条编穿在一

起，便成了一册书。由于孔子刻苦学习，经常展开书简，竟使编联书简的皮条多次断开。后来，人们便创造出了"韦编三绝"这句成语，形容孔子勤学好问的精神。

（四）推荐阅读： 于丹的《于丹〈论语〉心得》、周国平的《孔子的洒脱》

《论语》 教学案例 （二）

一、教学内容：《论语》之交友之道

朋友是一种重要的人际关系，是古代"五伦"（君臣、父子、兄弟、夫妇、朋友）之一，古代文献中有许多关于"朋友"的记载，孔子也对"朋友"进行了深入阐述。本课选择了三则与交友相关的语录，讨论了交友的态度及如何择友等，对引导学生结交志同道合的朋友有借鉴意义。内容如下：

1. 与朋友交，言而有信。（《论语·学而》）
2. 道不同，不相为谋。（《论语·卫灵公》）
3. 益者三友，损者三友。友直，友谅，友多闻，益矣；友便辟，友善柔，友便佞，损矣。（《论语·季氏》）

二、教材解读

（一）章句解读

第一则"与朋友交，言而有信"讲的是交友态度，与朋友交往要讲信用。"信"是儒家道德修养的主要内容之一，也是为人的基本准则。与朋友相交，必须做到"言而有信"。这是因为：一个人没有信用，就是再有才能、再有学问，都很难得到朋友们的信任，最终将落入无用武之地。

第二则"道不同，不相为谋"讲的是交友的原则，要结交与自己志趣相投的人，不与志趣不相投或观念不同的人交友。"道"在这里的外延较广，既指人生志向，也指思想观念、学术主张等。

第三则讲的是益友和损友的三种类型。孔子认为与正直、诚信、见闻广博的人交朋友是有益的；和虚伪、阿谀奉承、花言巧语的人交朋友是有害的。

（二）字句梳理

1. 与朋友交，言而有信。

信：信用。

释义：同朋友交往，说话要诚实、恪守信用。

2. 道不同，不相为谋。

道：志向、志趣。引申为：思想观念、学术主张等。谋：谋划。

释义：志向不同的人，就不能在一起谋划。

3. 益者三友，损者三友。友直，友谅，友多闻，益矣；友便辟，友善柔，友便佞，损矣。

直：正直。谅：诚实、诚信。多闻：见闻广博。便辟：谄媚逢迎，善辩邪僻。善柔：善于阿谀奉承，内心却无诚信。便佞：善于花言巧语，言不符实。

释义：有益的朋友有三种，有害的朋友有三种。与正直的人交朋友，与诚信的人交朋友，与知识广博的人交朋友，是有益的；与谄媚逢迎的人交朋友，与表面奉承而背后诽谤人的人交朋友，与善于花言巧语的人交朋友，是有害的。

三、教学目标

1. 正确流利地诵读孔子关于交友的三则语录，通过多种形式朗读达到熟读成诵。
2. 理解三则语录的内涵，懂得要选择正直、宽容、博学的朋友交往。
3. 能联系生活实际，建立自己的交友标准。

四、教学过程

（一）温故篇

1. 温习关于友情的名言。

海内存知己，＿＿＿＿＿＿＿＿＿＿＿＿。

酒逢知己千杯少，＿＿＿＿＿＿＿＿＿＿＿＿。

谈笑有鸿儒，＿＿＿＿＿＿＿＿＿＿＿。

岁寒知松柏，＿＿＿＿＿＿＿＿＿＿＿。

人之相知，＿＿＿＿＿＿＿＿＿＿＿。

2. 回顾关于友情的古诗。

芙蓉楼送辛渐二首
（唐）王昌龄

寒雨连江夜入吴，平明送客楚山孤。

洛阳亲友如相问，一片冰心在玉壶。

丹阳城南秋海阴，丹阳城北楚云深。

高楼送客不能醉，寂寂寒江明月心。

赠汪伦
（唐）李白

李白乘舟将欲行，忽闻岸上踏歌声。

桃花潭水深千尺，不及汪伦送我情。

（二）知新篇

1．熟读。

（1）出示学习内容，教师范读。

（2）学生自由读，借助拼音把字音读准。

（3）难字正音：益矣（yǐ），便辟（pián pì），便佞（pián nìng）。

（4）指导诵读难读的句子。

益者三友，损者三友。友直，友谅，友多闻，益矣；友便辟，友善柔，友便佞，损矣。

（5）指名读—同桌对读—小组赛读—齐读。

（6）配乐读，读出古文的韵味。

2．悟意。

（1）四人小组借助注释，初步理解句子大意。

（2）学生汇报。

（3）研读第一则：与朋友交，言而有信。

①指名学生用自己的话说说这句话的意思。

②介绍"信"字的象形字造字法，左边像人，右边像口，组成会意字，表示开口许诺。

③思辨：一个人不讲信用会怎样？

④联系自身体会谈一下。

⑤博引：名人小故事《信守承诺的宋庆龄》。（见教学资源）

⑥根据故事谈自己的看法。

（4）研读第二则：道不同，不相为谋。

①理解"道"的含义。

②什么样的朋友才是志同道合的？

③博引：观看视频故事《伯牙绝弦》，体会伯牙和钟子期的知音之情。

④联系自身实际谈谈志同道合朋友的重要性。

⑤拓展关于知己的名言古诗。

投之以木瓜，抱之以琼瑶。匪报也，永以为好也。（《诗经》）

人生所贵在知己，四海相逢骨肉亲。（《雁门集》）

合意友来情不厌，知心人至话投机。（冯梦龙《古今小说》）

二人同心，其利断金。（《易经·系辞上》）

海内存知己，天涯若比邻。（王勃《送杜少府之任蜀州》）

相识满天下，知心能几人。（冯梦龙《警世通言》）

（5）研读第三则：益者三友，损者三友。友直，友谅，友多闻，益矣；友便辟，友善柔，友便佞，损矣。

①理解"友直、友谅、友多闻、友便辟、友善柔、友便佞"这几个词语的意思。

②孔子告诉我们三种有益的朋友是：友直、友谅、友多闻。

③跟益友相对的是损友，也就是坏朋友，分别是：友便辟、友善柔、友便佞。

④我们应该交什么样的朋友？

⑤导行：出示两组情境，引导学生判断并说明原因。

情境一：

明明：考试题太难了，哥们儿，把答案借我抄一下！

军军：好的，答案给你！

他们之间是益友吗？

情境二：小玲向小红借 200 元钱办生日宴，给自己挣挣面子，小红不但不借给她，还批评了她，小红是益友吗？

（6）背诵这三句话。

五、教学资源

（一）视频故事《伯牙绝弦》

（二）名人小故事：信守承诺的宋庆龄

宋庆龄从小就注重养成遵守诺言的美德，答应的事，一定去做，从不失信。

一个星期天，宋庆龄一家用过早餐，准备到一位朋友家做客。

小庆龄听到这个消息后，高兴得跳起来。她急急忙忙跑到自己的房间，把自己最漂亮的衣服找出来穿上，准备和爸爸宋耀如一起去叔叔家。

她刚跟着爸爸妈妈走出门，突然想起今天上午小珍要来跟她学叠花篮，于是就停住了脚步。小珍和小庆龄的年龄差不多，两人可要好了。

父亲见小庆龄站在那里不动，就问："庆龄，你怎么停下了，难道你不想去看鸽子了吗？"

小庆龄说出原委。父亲说："没关系，明天你到小珍家里教她。"

她为难地说："不行，我们已经约好了。我走了，会让她失望的。"

姐姐说："小珍不会怪你的，明天见到小珍，解释一下就行了。"

可是小庆龄仍然站在那儿不动："爸爸说过，做人要信守诺言。如果我忘了，明天见到她，可以道歉；可是现在我想起来了，我就得在家里等她，不然就不守信用。"

宋耀如听了女儿的话，心里很高兴，于是就对其他的孩子说："庆龄做得对，你们都应该向她学习，做个讲信用的孩子。"

（三）交友典故

1. 管鲍之交。

"管鲍"，是指公元前 7 世纪春秋时期的政治家管仲和鲍叔牙，他们是好朋友。管仲比较穷，鲍叔牙比较富有，但是他们之间彼此了解、相互信任。管仲和鲍叔牙早年合伙做生意，管仲出很少的本钱，分红的时候却拿很多钱。鲍叔牙毫不计较，他知道管仲的家庭负担大，还问管仲："这些钱够不够？"后来，齐国内乱，管仲和鲍叔牙都从政了，各辅佐一位王子，最终鲍叔牙辅佐的公子小白取得胜利。公子小白要鲍

叔牙当宰相，但是鲍叔牙却向公子小白推荐管仲。公子小白听了鲍叔牙的话就请管仲做宰相，果然将齐国治理得非常好。可以说，管仲的成功是建立在鲍叔牙的帮助之上的。管仲就说："生我的是父母，了解我的是鲍叔牙啊。"

2．割席断义。

管宁和华歆二人一起在菜园中锄地，见到地里有一块金子，管宁把它当作砖头瓦砾一样的东西，照旧锄地，不予理会；华歆却把金子拾起来，扔下锄头，离开了。二人曾在同一张席上读书，有达官贵人从门外经过，管宁依旧读书，不受影响；华歆却把书抛在一边，出去看热闹。管宁便把席子割为两半，跟华歆分开坐，说："你不是我的朋友。"

3．舍命之交。

"舍命之交"，八拜之交之一，又名"角哀伯桃"，来自于"羊左"的典故。西汉时有左伯桃与羊角哀两人相识，他们结伴去求见楚元王，途中遇到了大雪天气，而当时他们穿的衣服都很单薄，带的粮食也不够吃。左伯桃为了成全朋友，把衣服和粮食全部交给了羊角哀，自己则躲进空的枯树中自杀。后世于是将友谊深厚的知心朋友叫作"羊左"。

4．鸡黍之交。

出自《后汉书·独行列传》，意思是守信用之交。范式年轻的时候在太学游学，和汝南郡人张劭是好朋友。后来两人一起告假回乡。范式对张劭说："我两年后回来，那时我将要去府上拜见尊亲，再看看令郎令媛。"两人还约定了拜见的日期。光阴似箭，日月如梭，不觉间约定的日期将至。张劭把这件事禀告了母亲，请母亲准备饭食以迎接挚友的到来。母亲说："分别了两年这么长的时间，你与他又相隔千里，你怎么能那么相信他呢?"张劭说："巨卿是守信的人，必定不会违背约定。"母亲说："要是果真如此，我要为你们酿酒。"到了约定的这一天，范式真的如期而至。二人升堂拜饮，尽欢才散。

5．杵臼之交。

杵臼之交出自《后汉书·吴佑传》。东汉时期，有一个穷苦好学的读书人，名叫公沙穆。他经过一段时间的刻苦读书，总认为自己所学有限，想进入京城太学继续深造。但公沙穆家中穷困，没有那么多钱作为他入太学学习的费用。于是，公沙穆到一位叫吴佑的富户家做舂米工人。吴佑曾任齐相、长史等官职。有一天，公沙穆正在舂米，吴佑来到他的身边，见公沙穆举止斯文有礼，根本不像做粗工的人，和他攀谈起来。言谈中，吴佑发现公沙穆学识渊博，很有见解。吴佑不顾彼此贫富悬殊，和他在杵臼前成为朋友。在封建社会，贫富悬殊，等级森严。一个富豪能够屈尊降贵与一个穷苦读书人交朋友，是件难得之事，因此被传为一段佳话。

少儿国学读本·教学指导用书

114

第四部分　小古文

　　本册教材选编了5篇小古文，主要以寓言、杂文为主。分别是《自相矛盾》《马说》《兰亭集序（节选）》《庖丁解牛（节选）》《湖心亭看雪》，每篇小古文包含"原文—作者—注释—译文—图说"五个方面的内容。

　　《自相矛盾》是一则成语故事，出自《韩非子·难一》（战国韩非子著），比喻一个人说话、行动前后抵触，不一致。

　　《马说》是一篇借物寓意的杂文，属论说文体。作者韩愈运用比喻说理的方法，说明了得才先要善于识才，识才还要善于养才，养才还必须善于用才的道理。善于识才—善于养才—善于用才三个环节，环环紧扣，缺一不可。这样才能使人才辈出，人尽其才，才能有利于国家，有益于社会。

　　《兰亭集序（节选）》是一篇序言，也叫前言，属实用文体。它是书圣王羲之51岁时的得意之笔，记述了他与谢安、孙绰等大批名士，在会稽郡山阴县的兰亭聚会，并临流赋诗的盛景。后来将诗作汇缩成集，题名为"兰亭集"，王羲之为它写了《兰亭集序》（又名"兰亭序"）。《兰亭集序》清新优美，书法遒健飘逸，被历代书界奉为极品。宋代书法大家米芾称其为"中国行书第一帖"。

　　《庖丁解牛（节选）》这则寓言选自《庄子·内篇·养生主》。本册节选的内容是"始臣之解牛时，所见无非牛者……是以十九年而刀刃若新发于硎"。它说明世上事物纷繁复杂，但只要反复实践，掌握了它的客观规律，就能得心应手，运用自如。

　　《湖心亭看雪》出自明末清初散文家、史学家张岱的代表作《陶庵梦忆》一书。本文通过写湖心亭赏雪遇到知己的事，表现了作者一开始孤独寂寞的心境和淡淡的愁绪，突出了作者遗世独立、卓尔不群的高雅情趣，表达了作者遇到知己的喜悦和分别时的惋惜，同时也反映了作者不与世俗同流合污、不随波逐流的品质。

　　5篇小古文共安排4个课时完成，因此《自相矛盾》《马说》《湖心亭看雪》需要详细解读，各用一个课时，另外两篇小古文只要读通读顺即可。《湖心亭看雪》是学生首次接触到的游记类小品文，其行文优美，建议全文背诵；《自相矛盾》《马说》也全文背诵。

小古文教学案例

一、教学内容：《马说》

二、教材解读

（一）课文简介

《马说》是唐代文学家韩愈的一篇借物寓意的杂文，属论说文体，原为韩愈所作《杂说》的第四篇，"马说"这个标题是后人所加的。《马说》大约写于贞元十一年（795）至十六年（800），其时韩愈初登仕途，很不得志。他曾三次上书宰相求擢用，而"志不得通"，"足三及门，而阍人辞焉"，因此郁郁不乐。"说"是"谈谈"的意思，是古代的一种议论文体裁。这篇文章以马为喻，谈的是人才问题，流露出作者愤世嫉俗之意与怀才不遇的感慨与愤懑之情，表达了作者对封建统治者不能识别人才、不重用人才、埋没人才的强烈愤慨。

（二）字句梳理

1. 世有伯乐，然后有千里马。

伯乐：春秋秦穆公时人，以善于相马著称，后多用以比喻善于识别和提拔人才的人。千里马：原指善跑的骏马，可以日行千里，现在常用来比喻人才；特指有才华的人。

2. 骈死于槽枥之间。

骈（pián）：两马并驾。骈死：并列而死（即和普通的马一同死）。槽（cáo）枥（lì）：喂牲口用的食器，引申为马厩。

3. 马之千里者，一食或尽粟一石。

食：吃。一食：吃一顿。或：有时。尽：全，这里作动词用，是"吃尽"的意思。粟（sù）：指小米，也泛指粮食。石（dàn）：容量单位，十斗为一石，一石约等于一百二十斤。三十斤为钧，四钧为石。

4. 食马者，不知其能千里而食也。

"食马"的"食"：通"饲"，喂养。其：指千里马，代词。

5. 不外见。

外见（xiàn）：表现出来。"见"：通"现"，表现、显现。

6. 策之不以其道。

策：马鞭，引申为鞭打，这里指鞭策、驾驭。之：代词，指千里马。策之：驱使它。以其道：按照（驱使千里马的）正确的方法。

7. 食之不能尽其才。

食：通"饲"，喂养。

8. 鸣之而不能通其意。

通其意：通晓它的意思。

（三）课文大意

这世界上先有伯乐，然后才有千里马。千里马是经常可以见到的，但是伯乐却不常有。所以即使有千里马，也在低贱的人手里受辱，最终和普通的马一同死在槽枥之间，不以千里马著称。能够一天行走一千里的马，一顿饭有时要吃十斗粟。喂马的人不知道它能日行千里而像对待普通的马一样来喂养它。这样的马，即使有日行千里的能力，但吃不饱，于是没有力气，才华从外表看不出来。这马将来与普通的马一样都做不到，怎么能够让它日行千里呢？人们驾驭它却不得要领，喂养它却不让它吃饱，听千里马鸣叫却不能理解它的意思，只是拿着鞭子面对它，居高临下地说："天下没有千里马！"唉，难道世上真的没有千里马吗？还是他根本就不识千里马呢？

三、教学目标

1. 能流利、正确地读文章。
2. 了解文章的大意，理解"伯乐""千里马"的含义。
3. 能背诵全文。
4. 珍惜当今时代的优越条件，努力学习，使自己成为对社会有用之人。

四、教学过程

（一）温故篇

1. 成语导入。

请学生说说有关"马"的成语；用小组比赛的形式背诵有关"马"的诗句。

（1）学生说说自己收集到的含有"马"字的成语。

（2）以小组接龙的形式补充与"马"相关的成语。

人欢（　　　　　）　　人（　）马（　　　）　　一马（　　　　　　　）

（　）马（　）暗　　万马（　　　　　）　　（　）马（　）花

（　）马（　）途　　犬马（　　　　）　　汗马（　　　　　）

车（　）马（　）　　蛛（　　）马（　　）

（3）用"你背我接"的形式，补充与"马"有关的诗词。

马作的卢飞快，＿＿＿＿＿＿＿。

但使龙城飞将在，＿＿＿＿＿＿＿。

乱花渐欲迷人眼，＿＿＿＿＿＿＿。

草枯鹰眼疾，＿＿＿＿＿＿＿。

夜阑卧听风吹雨，＿＿＿＿＿＿＿。

只解沙场为国死，＿＿＿＿＿＿＿。

2. 故事拓展。

讲关于伯乐的故事，播放《伯乐相马》视频。

相传伯乐是春秋时人，姓孙名阳。据说，有匹千里马拉着沉重的盐车翻越太行山。在羊肠小道上，它用力挣扎，汗水淋漓，还是拉不上去。伯乐见了，就赶紧挽住

千里马，泪流满面，并脱下自己的衣服盖在千里马身上。千里马低下头吐气，又抬起头来长鸣，嘶叫声直达云霄。这是它感激伯乐了解并且体贴它啊。

今天，我们学习《马说》，一定会让你对伯乐和千里马的关系有进一步的认识。

（二）知新篇

1. 了解作者，认识文体。

韩愈：字退之，"唐宋八大家"之一。

"说"是一种文体，用以陈述作者对社会上某些问题的观点。

2. 诵读文本，准确流畅。

（1）听教师范读，听读字音。

（2）字词学习：骈（pián）、槽（cáo）、枥（lì）。

（屏幕出示难字，学生结合注释把字音读准）

（3）学生初步自读，要求既准确又流畅。

3. 多种形式，读出韵味。

（1）教师指导用多种形式诵读：个别读，男女读，小组比赛读。

（2）画出每个句子的停顿及节奏，再次练读。

（3）请同学展示读，挑战读，齐读。

4. 说文解字，图释大意。

（1）结合注释，了解文章的大意。

（2）学生质疑，提出不理解的词语或句子，互相答疑。

（3）小组交流对文章的理解，用自己的话说说文章的大意。

（4）找出文章的中心句"世有伯乐，然后有千里马。千里马常有，而伯乐不常有"，用自己的话说说这句话的意思。

（5）出示马饿成皮包骨的图片，以及马的心里话，理解千里马的待遇与才能之间的关系。（唉，我又没吃饱，连走路的力气也没有了，我的待遇连那些普通的马都不如，怎么能日行千里呢？）

（6）找出体现千里马得不到应有待遇的句子。（是马也，虽有千里之能，食不饱，力不足，才美不外见，且欲与常马等不可得，安求其能千里也？）

（7）学生想象"食马者"的心理，找出文中相应句子。（策之不以其道，食之不能尽其才，鸣之而不能通其意，执策而临之曰："天下无马！"）

（三）致用篇

1. 探讨质疑。

（1）千里马指什么？伯乐又指什么？

"千里马"比喻人才。"伯乐"比喻能发现、赏识、任用人才的人。

（2）世界上肯定是存在千里马的，但有的千里马能被发现，原因是什么？而有的千里马却被埋没、被摧残，原因又是什么？

前者因为"世有伯乐，然后有千里马"。后者因为"千里马常有，而伯乐不常有"，"食马者，不知其能千里而食也"，"策之不以其道，食之不能尽其才，鸣之而不能通其意"。

2．学以致用。

（1）思考：你认为对于千里马来说，伯乐重不重要？

（2）学生自由发表看法。

（四）布置作业

1．背诵全文。

2．课后搜集有关千里马的故事。

五、教学资源

（一）作者简介

韩愈（768—824），字退之。河南河阳（今河南省孟州市）人，自称"郡望昌黎"，世称"韩昌黎""昌黎先生"，唐代杰出的文学家、思想家、哲学家、政治家。韩愈是唐代古文运动的倡导者，被后人尊为"唐宋八大家"之首，与柳宗元并称"韩柳"。他提出的"文道合一""气盛言宜""务去陈言""文从字顺"等散文的写作理论，对后人很有指导意义。韩愈的作品非常丰富，现存诗文 700 余篇，其中散文近 400 篇。其赋、诗、论、说、传、记、颂、赞、书、序、哀辞、祭文、碑志、状、表、杂文等各种体裁的作品，均有卓越的成就。代表作有诗《早春呈水部张十八员外》，杂文《进学解》《杂说》《获麟解》《师说》等，著有《韩昌黎集》等。

（二）古诗《有马示徐无党》

有马示徐无党

（宋）欧阳修

吾有千里马，毛骨何萧森。

疾驰如奔风，白日无留阴。

徐驱当大道，步骤中五音。

马虽有四足，迟速在吾心。

六辔应吾手，调和如瑟琴。

东西与南北，高下山与林。

惟意所欲适，九州可周寻。

至哉人与马，两乐不相侵。

伯乐识其外，徒知价千金。

王良得其性，此术固已深。

良马须善驭，吾言可为箴。

注释：

徐无党：欧阳修的得意门生。徐无党少年时，跟随欧阳修学古文辞，师生情谊深厚。1054 年，省试第一的徐无党从京城开封南归，欧阳修专门写了《送徐无党南归

序》相赠。同年，徐无党被任命为渑池县令。欧阳修又写了《有马示徐无党》一诗，将徐无党比作千里马。徐无党对老师也是极为尊敬。徐无党最大的贡献就是为欧阳修撰写的《新五代史》作注释。欧阳修对徐无党非常赏识，经常写信与他讨论《新五代史》修改、作注方法等。《新五代史》的注释，也为后世史家所称颂。遗憾的是，这样一个优秀人物，宋史里却没有留下他的传记，也没有他的作品流传于世。

第五部分　国学小天地

本年级书法和国画部分分别介绍了楷书和写意蔬果花卉的画法。

书法：了解楷书的特点以及著名书法家颜真卿。

国画：学习写意蔬果花卉，了解写意画用笔用墨的基本技法。

书法教学案例

一、教学目标

1. 认识楷书的基本概念，了解其发展演变的历史。
2. 认识楷书的点画特征。
3. 培养学习书法的兴趣。

二、教学重点和难点

教学重点：了解楷书的发展过程和形态特征。

教学难点：认识楷书作品的审美价值。

三、学法指导

（一）楷书的发展

楷书也叫正楷、真书、正书，由隶书逐渐演变而来，更趋简化，横平竖直。《辞海》形容它"形体方正，笔画平直，可作楷模"。

楷书，按照时期划分，可分为魏碑和唐楷。魏碑是指魏、晋、南北朝时期的书体，它可以说是一种从隶书到楷书的过渡书体。初期"楷书"仍残留极少的隶笔，结体略宽，横画长而直画短。东晋以后，南北分裂，书法亦分为南北两派。北派书体，带着汉隶的遗型，笔法古拙劲正，而风格质朴方严，长于榜书，这就是所说的魏碑。南派书法，多疏放妍妙，长于尺牍。唐代的楷书，正如唐代国势的兴盛局面，书体成熟，名家辈出，初唐的虞世南、欧阳询、褚遂良，中唐的颜真卿，晚唐的柳公

权，其楷书作品均为后世所重，被奉为习字的模范。到了宋元时期，书法家们开始追求作品的美感，有的清秀俊朗，有的雍容典雅。

因此，中国楷书的发展史分为四个时期：楷书萌芽期——秦、汉，楷书发展期——魏、晋、南北朝，楷书繁荣期——隋、唐、五代，楷书守成期——宋、元、明、清。

（二）楷书的特征

楷书的特征是笔画齐备，丰富多样，书写工整，藏头护尾，圆润清秀，结构严谨，匀称方正，富于变化。楷书还有风格上的变化，如，欧阳询体的严谨，颜真卿体的雄壮，柳公权体的瘦劲，各自成一体。宋徽宗赵佶结合绘画手法，自创"瘦金体"，书体婉媚，别具一格。

楷书的点画有点、横、竖、撇、捺、提（挑）、折、钩八种。一般具体在书写时，横画、竖画、撇画的起笔以及横画的收笔多作顿笔；撇画收笔处逐渐提笔出锋；捺画收笔时先逐渐铺毫重顿，再渐渐提笔出锋；笔画转折之处往往为顿笔，钩画为一种特殊的转折，在停驻之后挑笔出锋，这一点也是楷书的独特点画表现，即与隶书相比，楷书省改了波磔，增加了钩。

（三）颜真卿《多宝塔碑》

颜真卿（709—784），唐代名臣，杰出的书法家。颜真卿书法精妙，擅长行、楷，创"颜体"楷书，与赵孟頫、柳公权、欧阳询并称为"楷书四大家"。碑文叙述了唐代僧人楚金禅师发愿兴建多宝塔的过程及有关佛事。《多宝塔碑》是唐代重要碑刻，是书法中楷书的代表作品。

国画教学案例

一、教学目标

1. 了解表现写意花卉的方法，能运用写意的技法表现蔬果或花卉。
2. 通过欣赏写意花卉的作品，了解写意花卉笔墨的使用，在练习中掌握花卉的写意技法。
3. 感受写意绘画的意境与趣味。

二、教学重点和难点

教学重点：认识写意花卉的特点，能够掌握写意花卉的技法。
教学难点：绘画中笔、墨、色以及构图的把握。

三、学法指导

1. 欣赏大师齐白石作品《枇杷》。作者以书法入画，笔墨凝重朴实，用淡墨写枇

杷叶，浓墨表现脉络，以藤黄没骨画果实，根蒂用焦墨点出。枇杷下垂，挂满枝头，果实或聚或散，错落分布，其间穿插墨叶，饱满和谐，自然灵透。

2. 了解表现写意花卉的方法（如破墨法、点染法、勾勒法等），体会中国画的笔墨技法与造型的关系。

3. 观察枇杷果图片，分析特征。

4. 教师演示绘画方法。

5. 课堂练习：创作或临摹《枇杷》。

学年总结与评价建议
（关于"国学雏鹰奖章"）

"国学雏鹰奖章"评价表根据《少儿国学读本》每册学习内容而设计，评价目的在于考查学生一学年的学习情况。评价目标和评价主体多元化，尊重学生的个体差异，全体学生都要达到基本要求，鼓励学有余力的学生对自己设定更高的目标。评价中设置了自己、家长、伙伴、老师四个评价员，只要能完成评价表的学习内容，达到学习目标，均可评为"合格"，从而获得"国学雏鹰奖章"。该评价表旨在让学生体验个人进步的乐趣和达成目标的成就感，进而促进学生自主学习，朝着下一个目标迈进。

"国学雏鹰奖章"四级评价表

序号	学习内容、目标	评价情况			
		自己评	家长评	伙伴评	老师评
1	熟练背诵本册20句名言，了解名言大意。				
2	熟练背诵本册20首古诗词。能说出诗词题目、作者，并说说诗词的大意。				
3	熟读《论语》第一至五篇，了解大意。背诵以下篇章和段落：第一至第四篇，第五篇第10、15段。				
4	熟读本册小古文5篇；背诵《自相矛盾》《马说》《湖心亭看雪》，其他篇章背诵画线的名句。				
5	了解中国书法的特点；了解中国画的特点，学画中国画。				

评价说明：

1. 学习情况由四个人参与评价。

2. 能完成上表中的每项学习内容，即可获得"国学雏鹰奖章"。

"国学雏鹰奖章"四级达标评价确认表

_____年_____班学生_____在_____年_____月经评价考核，可获取一级"国学雏鹰奖章"。

评价员签名：自己_____　伙伴_____

家长_____　老师_____

大队部盖章

年　　月　　日

四年级

123

五年级

教学建议

教学进度安排（参考）

	周次	教学内容	课时安排
上学期	第1周	名言——明志主题	1课时
	第2周	名言——奉公主题	1课时
	第3周	名言——审势主题	1课时
	第4周	《从军行七首（其五）》《满江红·怒发冲冠》	1课时
	第5周	《渔家傲·塞下秋来风景异》《行舟》	1课时
	第6周	《寒夜读书》《读书》	1课时
	第7周	《伐木》《送友人》	1课时
	第8周	《潍县署中画竹呈年伯包大中丞括》《望岳》	1课时
	第9周	复习《论语》（学而篇第一至公冶长篇第五）	1课时
	第10周	通读并串讲《论语·雍也篇第六》（一）	1课时
	第11周	通读并串讲《论语·雍也篇第六》（二）	1课时
	第12周	精讲《论语》之学习之道	1课时
	第13周	通读并串讲《论语·述而篇第七》（一）	1课时
	第14周	通读并串讲《论语·述而篇第七》（二）	1课时
	第15周	精讲《论语》之修身之道	1课时
	第16周	小结并复习本学期国学学习内容	1课时
下学期	第1周	通读《论语·泰伯篇第八》（一）	1课时
	第2周	通读《论语·泰伯篇第八》（二）	1课时
	第3周	精讲《论语》之君子之道	1课时
	第4周	通读并串讲《论语·子罕篇第九》（一）	1课时
	第5周	通读并串讲《论语·子罕篇第九》（二）	1课时
	第6周	精讲《论语》之安贫乐道	1课时
	第7周	通读并串讲《论语·乡党篇第十》（一）	1课时
	第11周	《曹刿论战（节选）》	1课时
	第12周	《嗟来之食》《鱼我所欲也（节选）》	1课时
	第13周	国学小天地	1课时
	第14周	国学小天地	1课时

	周次	教学内容	课时安排
下学期	第 15 周	期末复习名言、诗词、《论语》、小古文	1 课时
	第 16 周	期末考核	1 课时

第一部分　名言

　　《少儿国学读本·五年级》名言部分以"明志""奉公""审势"为主题，精选了 20 句经典名言。每句名言正文按照"名言—出处—注解"方式呈现。

　　明志即确立志向，志存高远，就会自我激励，奋发向上，有所成就；奉公即奉公行事，不徇私情；审势即详察事理，明辨是非。我们在学习生活中，应该以古知今，由表及里，见微知著。

　　三个主题中的 20 句名言既包含深刻的哲理，又具有极强的音韵美。高年级学生已经具备自主学习的能力，因此在诵读和理解上，教师只要在学生自主学习的基础上稍加点拨即可。建议在教学时除了让学生做到诵读积累、熟读成诵之外，还应引导学生在理解意思的基础上多与生活经验相联系。这既可以丰富学生的认知体验，又可以达到知行合一的目的。

　　建议用 3 个课时完成名言部分的教学。

名言教学案例

一、教学内容：名言——奉公主题

1. 其身正，不令而行；其身不正，虽令不从。

2. 大道之行也，天下为公。

3. 鞠躬尽瘁，死而后已。

4. 公生明，偏生暗。

5. 有功则赏，有罪则刑。

6. 人人好公，则天下太平；人人营私，则天下大乱。

二、教材解读

（一）名言简介

1. 其身正，不令而行；其身不正，虽令不从。

这句话出自《论语·子路》，强调领导者（统治者）自身品行的重要性。领导者

（统治者）自身品行端正，身体力行，办一切事情都合规矩，自然就能得到人民的拥护。

2. 大道之行也，天下为公。

这句话出自西汉戴圣的《礼记·礼运》。意思是天下是人们所共有的，把品德高尚、有才能的人选出来，使得人人讲诚信，大家和睦相处。这描述了一种大同的社会理想。

3. 鞠躬尽瘁，死而后已。

这句话是表达奉公精神的经典用语，出自诸葛亮的《后出师表》，常用以赞美忘我工作、无私奉献的人。

4. 公生明，偏生暗。

这句话出自《荀子·不苟》。荀子是儒家思想的代表者之一，公正廉明是儒家提倡的一种政治理想。这句话强调一国之君在治理国家的时候，首先要公正廉明，以德服天下，这样才能处事公正、明辨是非。

5. 有功则赏，有罪则刑。

这句话出自北宋司马光《进修心治国之要札子状》，旨在强调要维护法律的公平和执法的公正，不能凭一时的喜怒和与自己关系的远近、亲疏来行赏论罚。

6. 人人好公，则天下太平；人人营私，则天下大乱。

这句话出自清末文学家刘鹗所著的《老残游记》一书，概括了"好公"和"营私"的不同后果，从中引申出做任何事情都要有公平、公正之心的结论。

（二）字句梳理

1. 其身正，不令而行；其身不正，虽令不从。

其：他，指领导者（管理者、统治者）。正：品行端正，处事公正。令：命令。

释义：领导者（管理者、统治者）如果本身言行端正，不用发号施令，大家也会跟着行动；领导者（管理者、统治者）如果本身言行不正，即使下了命令，大家也不会服从、遵守。

2. 大道之行也，天下为公。

大道：古代指政治上的最高理想。行：施行。

释义：在圣人治理的时代，天下是公有的。

3. 鞠躬尽瘁，死而后已。

鞠躬：弯着身子。尽瘁：竭尽心力，指贡献出全部精力。已：停止。

释义：勤勤恳恳，竭尽心力，直到死为止。多用来形容人的伟大。

4. 公生明，偏生暗。

公：公正，公平。明：清明，明理。偏：不公正。暗：昏暗，不明事理。

释义：公正就政治清明，偏私则政治黑暗。

5. 有功则赏，有罪则刑。

释义：只要有功就赏赐，只要有罪就处罚。

6. 人人好公，则天下太平；人人营私，则天下大乱。

好：喜爱。营私：谋求私利。

释义：如果人人都能公平公正，做事出于公心，天下就会太平无事；如果人人都谋求私利，那天下就会陷入混乱。

三、教学目标

1. 能够准确、流利地朗读并背诵奉公主题的 6 句名言。

2. 能够借助注释理解 6 句名言的意思，了解中国历史上诸葛亮、包拯、周恩来等大公无私、忠心为国的名人事迹。

3. 初步懂得公平和正义是一个理想社会必备的条件。

四、教学过程

（一）温故篇

1. 课前大练兵。

"开火车"背诵明志主题的名言。

背诵《论语》中有关君子的语句。

君子坦荡荡，_____。

君子怀德，_____。

君子成人之美，_____。

君子务本，_____。

君子博学以文，_____。

2. 介绍诸葛亮及《出师表》。

同学们，我们刚才复习了明志主题的名言，还复习了《论语》中有关君子的语句。自古以来，我国历史上就有不少名人以君子的标准要求自己，诸葛亮是其中一位。（出示《出师表》全文，简述诸葛亮事迹，引出名言"鞠躬尽瘁，死而后已"）

（二）知新篇

1. 介绍本节课的学习主题——奉公。

（1）介绍"公"字的演变及字义。

"公"字上面是"八"，表示相背，下面是"厶"（"私"的本字）。合起来是

"𢙱"，表示"与私相背"，即"公正无私"的意思。

（2）介绍"奉"字和"奉公"的意思

奉：原意为恭敬地用手捧着，有"尊重、遵守"之义。现指奉行。

奉公：忠诚履行公职，一心为公。（板书：名言——奉公主题）

2. 初读名言。

（1）出示 6 句名言，自由朗读，注意读准字音。

（2）点名分句朗读名言，注意"人人好公"的"好"读第四声，意为"喜好、崇尚"。

（3）全班齐读，要求读出节奏。

3．精读名言——悟意。

（1）结合注释，自由理解名言的意思。

（2）同桌交流名言的意思。

（3）点名说名言的意思，教师根据实际，具体指导学生理解难懂的句子。（可结合具体的人物理解这几句名言）

如：鞠躬尽瘁，死而后已——周恩来

有功则赏，有罪则刑——包拯

4．博引。

（1）《祭遵的故事》。

①课件出示《后汉书·祭遵传》，让学生借助注释自由学习，理解意思。

遵为人廉约小心，克己奉公，赏赐辄尽与士卒，家无私财。

——南朝·宋·范晔《后汉书·祭遵传》

②点名说说这句话的意思。

③教师介绍《祭遵的故事》。（见教学资源）

（2）《大道之行也》。

①出示《大道之行也》全文及注释，学生自由朗读，借助注释理解文章大意。

大道之行也，天下为公，选贤与能，讲信修睦。故人不独亲其亲，不独子其子，使老有所终，壮有所用，幼有所长，鳏寡孤独废疾者皆有所养，男有分，女有归。货恶其弃于地也，不必藏于己；力恶其不出于身也，不必为己。是故谋闭而不兴，盗窃乱贼而不作，故外户而不闭。是谓大同。

——《礼记·礼运》

②点名读文章，说大意。

③教师小结。

文中的"大道"指治理社会的最高准则，大道施行的效果就是国泰民安的理想状态。"大同"可以理解为儒家的理想社会或是人类社会的最高阶段，表达了作者迫切希望出现一个太平盛世的思想感情。

（三）致用篇

1．说一说：理想的社会应该是怎样的呢？怎样才能建设理想的社会环境呢？

2．背诵积累奉公主题的名言。

五、教学资源

（一）祭遵的故事

祭遵是东汉王朝开国功臣"云台二十八将"之一，他从小喜欢读书，知书达理，虽然出身豪门，但生活非常俭朴。

祭遵投奔汉光武帝刘秀为门下吏，后来当了军中的执法官，负责军营的法令。任职期间，他执法严明，不徇私情，为大家所称道。

有一次，刘秀身边的一个随从犯了罪，祭遵查明真相后，依法把这个随从处以死

刑。刘秀知道后，十分生气，觉得祭遵不应该处罚他身边的人，欲降罪于祭遵。但马上有人来劝谏刘秀说："严明军令，本来就是大王的要求。如今祭遵坚守法令，上下一致，做得很对。只有像他这样言行一致，号令三军才有威信啊。"刘秀听了觉得有理，非但没有治罪于祭遵，还封他为将军。

祭遵为人廉洁，为官清正，处事谨慎，克己奉公，常受到刘秀的赏赐，但他将这些赏赐都拿出来分给手下的人。他的生活十分俭朴，家中没有多少私人财产。即使安排后事，他也嘱咐手下不许铺张浪费，说只要用牛车装载自己的尸体和棺木，拉到洛阳草草下葬就可以了。

祭遵死后多年，汉光武帝仍对他克己奉公的精神十分怀念。

（改编自《祭遵克己奉公传后世》，《汕头日报》，2018 年 12 月 5 日）

（二）成语故事：奉公守法

战国时期，赵国大将赵奢足智多谋，英勇善战，立下显赫的功勋。赵惠文王封赵奢为马服君，官列上卿。赵奢原来是一个普通的收田税的官吏。他对赵王一片忠心，收税时大公无私，一视同仁。

有一次，他到赵惠文王的弟弟平原君赵胜家收田税，谁知道赵胜的管家蛮不讲理，始终不肯缴纳田税。赵奢根据当时的法律，严肃地处理了这件事，杀了赵胜手下九个参与闹事的人。赵胜知道后，大发脾气，扬言要杀赵奢。赵奢知道赵胜要杀自己，不但没有躲避，反而找到赵胜，对他说："您是赵国王族的贵公子，却放纵管家违反法律。如果大家都不遵守法律，国家必然衰弱。国家一旦衰弱，其他国家就会来侵犯我们，甚至把我们灭掉。到那个时候，您还能保持现在这样的富贵吗？但是，您要是能够奉公守法，那么百姓会以您为榜样，天下就会稳定，国家也就强盛起来了。您身为王族公子，怎么能不重视国家的法令呢？"

赵胜听了这一番话，知道赵奢是个有才干的人，于是就建议赵惠文王提拔赵奢。赵惠文王听从了赵胜的建议，任命赵奢为统管全国赋税的官吏。从此，赵国的赋税公平合理，百姓富足，国库得到了充实。

后来，人们就用"奉公守法"这个成语，形容某人严格地遵守国家的法律制度，做事非常规范。

（根据"百度百科"整理）

第二部分 古诗词

本册教材选编了 20 首古诗词，分为爱国、思乡、勤学、友情、志向五个主题。每首诗都包括诗名、朝代、作者、内容、注释五部分。

爱国主题五首，分别是：《从军行七首（其五）》《永遇乐·京口北固亭怀古》

《塞上曲二首（其二）》《塞下曲六首（其一）》《满江红·怒发冲冠》，描述了戍边将士听到前线大捷的喜悦、爱国诗人担忧北伐抗金成败的悲愤，以及将士保卫国家无惧生死的壮烈情怀、为国杀敌慷慨从戎的雄心、抗击金兵收复故土的豪情。

思乡主题四首，分别是：《题稚川山水》《除夜作》《渔家傲·塞下秋来风景异》《行舟》。诗人、词人无论是宦游山水、除夕在外、征战多年、行舟江上，抑或是眼见美丽的风景、身处冷清旅馆、羁留凄凉的边塞，都挂念着故乡。

勤学主题四首，分别是：《寒夜读书》《读书》《上堂开示颂》《柳氏二外甥求笔迹》，告诫我们学习要刻苦，不计名利。

友情主题四首，分别是：《燕燕》《伐木》《送友人》《山中送别》。诗人借景、借物表达与朋友友好相处的希望、与朋友离别时的依依不舍之情。

志向主题三首，分别是：《潍县署中画竹呈年伯包大中丞括》《望岳》《蒹葭》。诗人或以竹自比，立志做一个关心民生的好官；或登山远眺，立下凌云壮志；或逆流而上，追寻心中的美好。

五年级要增加诗词学习的广度和深度。诵读时，可以结合中低年级学生的声律知识，重点关注诗词的押韵、格律。悟意方面，引导学生关注作者的人品性格、诗词的风格流派等以增进理解，使学生感同身受。

建议 20 首古诗词中有 10 首安排 5 个课时完成，每个课时学习两首古诗，一首精讲，另一首诵读或略讲。教师可以自主选择其中 10 首指导学生学习，剩余的 10 首则放在每天 10 分钟的诵读时间里略讲并指导吟诵。要求背诵所有古诗词。

古诗词教学案例

一、教学内容：《潍县署中画竹呈年伯包大中丞括》

二、教材解读

（一）诗歌简介

这是一首题画诗。作者从晚上听到的风吹疏竹时发出的萧萧之声，联想到百姓生活的疾苦。作者在诗中寄寓了对老百姓命运的深切关注和同情。

（二）诗歌大意

（我）卧在衙门的书房里静听着竹叶沙沙的响动，
总感觉是民间百姓啼饥号寒的怨声。
我虽然只是小小的县吏，
但是老百姓的一举一动就像衙门卧室外竹子的一枝一叶，牵动着我的感情。

三、教学目标
1. 正确、流利地朗读、背诵本诗。

2. 根据注释说出古诗大意，体会作者关心民生的思想。

3. 了解郑板桥和他的书画作品的特点。

四、教学过程

（一）温故篇

采取小组轮背、男女对背、全班齐诵等方式，让学生复习背诵有关梅、松的古诗词，如《卜算子·咏梅》《山园小梅》《赠从弟》等。

（二）知新篇

1. 谈话导入。

坚毅的青松、傲雪的冬梅，它们在寒冷的冬天凌霜傲雪，深为古今文人所敬慕，被誉为"岁寒三友"之二，还有一个是什么呢？就是我们今天要学的古诗里描写的景物——竹子。

2. 出示郑板桥的墨竹图。

（1）解诗题。

板题并指导读题：潍县署中/画竹/呈/年伯/包/大中丞/括。

解题：署：衙门。年伯：科举时代对与父亲同年登科者的尊称。明代中期以后用以称同年的父亲或伯叔，后用以泛指父辈。大中丞：中丞是古代官名，掌管接受公卿奏事，以及荐举、弹劾官员的事务，清代将巡抚称为中丞。此处加"大"字，表示尊敬之意。括：人名，他姓"包"，即"包括"。古诗题目的意思是：我在任潍县县官时画竹子赠送给年伯大中丞包括。

（2）这是一首题画诗。题画诗，顾名思义，就是在画的空白处题上一首诗。我们在二年级也学过一首题画诗，大家还记得吗？（《惠崇春江晓景》）

（3）介绍题画诗。（见教学资源）

（4）介绍郑板桥。（见教学资源）

3. 诵读诗歌。

（1）学生自读，注意"衙（yá）、斋（zhāi）"的读音。

（2）范读（听录音）。

（3）练读。

①学生自读，注意字音、语气、节拍等。

潍县署中画竹呈年伯包大中丞括

（清）郑板桥

衙斋/卧听/萧萧竹，

疑是/民间/疾苦声。

些小/吾曹/州县吏，

一枝/一叶/总关情。

②点名读，读后请其他学生评议。

4．理解诗意。

（1）学生自学，同桌互说。

（2）小组交流，点拨第三句"些小吾曹州县吏"的意思。（吾曹：我辈，即我们这些人）

（3）点名说说整首诗的意思。

5．感悟诗情。

（1）你体会到作者的什么感情？（体恤百姓、爱民如子）

（2）从哪儿体会到的？找出相关句子，教师指导诵读。

"疑是民间疾苦声""一枝一叶总关情"。（读出忧心忡忡、忧虑重重的感情）

（3）介绍创作背景的故事。

（4）小结；的确，郑板桥就是这样一个关心百姓、为百姓着想的好官。

（5）有感情地朗读整首诗。

（三）致用篇

1．让学生说说自己知道的关心民生的好官的事例。

2．让学生带着对郑板桥的钦佩，背诵这首诗。

（四）布置作业

1．背诵《潍县署中画竹呈年伯包大中丞括》给父母听，再向父母口述诗意。（必做题）

2．和父母一起读《望岳》，做到熟读成诵。（必做题）

3．查一查其他关于竹子的诗词、郑板桥的生平。（选做题）

五、教学资源

（一）题画诗

中国的题画诗，可以说是世界艺术史上一种特殊的美学现象。它使文学和美术融为一体。往画中题诗，诗画互补，意境更加深远，再在画上加盖红印章，使中国画集诗、书画、印于一身，形成独特的艺术形式，让人在读诗看画、看画赏诗之中，充分享受艺术美。追溯历史，题画诗大约兴起于唐朝，以诗咏画。李白、杜甫两位伟大诗人，都是咏画诗的代表，咏画诗一般是不题写在画上的。真正融诗于画，始于王维。他是中国历史上第一位诗、书、画三绝的人物，是文人画的开山祖师。"画中有诗"，并不是在画上题诗，而是通过绘画的具体形象，营造一种可视的、能引起观者联想与共鸣的意境效果。这种意境效果，在现存传为王维所作的《雪溪图》里可以见到。第一个在画上题诗的是宋徽宗赵佶。苏轼的《惠崇春江晓景》其实只能算是一首咏画诗。宋末花鸟画家赵孟坚的《墨兰卷》上有自题和别人品题的七绝各一首。宋末元初著名的画兰专家郑思肖，其现存作品《墨兰卷》上也有一首作者自题的七绝。这几位都是题画诗的先驱。到了明清，题画诗达到了顶峰。郑板桥的题画诗举足轻重，今人很少能及。

（选编自沈树华编著：《中国画题款艺术》，学林出版社 2018 年版）

（二）写作背景

清乾隆十一年（1746），郑板桥任潍县知县。潍县土地贫瘠，百姓生活贫苦。当时山东各地灾情严重，一斗粮食价值千百钱，甚至有钱也买不到粮食。穷苦百姓卖儿卖女，逃荒要饭，已经到了人吃人的地步，惨不忍睹。郑板桥看到一群群灾民逃离故土，流落他乡，心情焦急万分，日夜为灾民奔波，白天劳顿，晚上思绪万千，夜不能寐。听着风吹疏竹时发出的萧萧之声，他联想到百姓集体号寒的怨声，立刻起身作画，成就此篇，送予上级，使其了解民间灾苦。他又上书申请放赈，打开官仓，救济百姓。由于灾情严重，情况紧急，他来不及等上级批复，毅然决定开仓放粮，救济百姓，因此得罪上级，被罢官。朋友说他糊涂，他写"难得糊涂"表明自己坚决的态度。

（三）郑板桥生平

郑板桥（1693—1765），原名郑燮，字克柔，号理庵，又号板桥，人称板桥先生，江苏兴化人，祖籍苏州，是清代比较有代表性的文人画家。康熙秀才，雍正十年（1732）举人，乾隆元年（1736）进士。官山东范县、潍县县令，政绩显著，后客居扬州，以卖画为生，为"扬州八怪"重要代表人物。郑板桥一生只画兰、竹、石，自称"四时不谢之兰，百节长青之竹，万古不败之石，千秋不变之人"。其诗、书、画，世称"三绝"。

（选编自《郑板桥集》，广陵书社 2011 年版）

（四）关心民生的好官

范仲淹是北宋著名的政治家、文学家。他出身贫苦，入仕从政后，十分关心民生疾苦。有一年，蝗灾、旱灾蔓延全国，淮南、京东等地灾情严重。当时，范仲淹请求朝廷巡察处理，朝廷却置之不理。他十分气愤，冒着杀身之祸质问宋仁宗："宫中的人如果半天不吃饭，会怎样呢？江淮等地饥民遍野，怎能熟视无睹，不予救济？"皇上无言以对，便派他去安抚灾民。范仲淹每到一地，就开官仓赈济灾民，发官钱救济百姓，并带领群众生产自救。他看到饥饿的人们常常挖一种叫"乌味草"的野草充饥。此草粗糙苦涩，难以下咽。回京时，他特意带回"乌味草"，呈献给宋仁宗，请宋仁宗传示朝廷上下，以劝诫他们勿忘百姓之疾苦，杜绝奢侈之恶习。

范仲淹晚年在杭州做官时，还用一生积蓄，在近郊购置一千亩良田作为"义田"，供贫困百姓耕作。可他直到晚年，一座像样的宅第都没有，病逝后，家无余财，连像样的丧葬也没有。他给中华民族留下了清正廉洁、爱民如子的优良作风，留下了"先天下之忧而忧，后天下之乐而乐"的精神财富。

（选编自崔旭：《范仲淹传》，中国书籍出版社 2018 年版）

第三部分　儒道经典

本册教材学习的儒道经典是《论语》的第六至十篇。

雍也篇第六：记录孔子及其弟子的言行。

述而篇第七：主要记录孔子的容貌和言行。

泰伯篇第八：主要记录孔子和曾子的言论及其对古人的评论。

子罕篇第九：主要记录孔子的言论，重点为孔子的行事风格，以及提倡和不提倡做的事。

乡党篇第十：主要记录孔子的言谈举止、衣食住行和生活习惯。

孔子不仅是我国儒教始祖，还被联合国教科文组织评为"世界十大文化名人"之首，其儒家思想对中国和世界都有深远的影响。《论语》以记录孔子的"言"为主，"论"是"一串"的意思，"语"是"话语"。孔子是《论语》描述的中心，"夫子风采，溢于格言"（《文心雕龙·征圣》）。《论语》中不仅有关于他的仪态举止的静态描写，而且有关于他的个性气质的传神刻画。此外，围绕孔子这一中心，《论语》还成功地刻画了一些孔门弟子的形象。

《论语》的许多言论至今仍被视为至理名言，许多思想也仍具有普遍的借鉴意义和时代价值，是一部不可多得的传统文化读本。在我国，许多仁人志士、才子贤达都把这部经典视作智慧的源泉。宋代开国宰相赵普曾自诩"半部《论语》治天下"；北大教授季羡林先生则进一步说：用不了半部《论语》，仅仅用《论语》中"己所不欲，勿施于人"这八个字，就能治天下。

建议用14个课时完成《论语》第六至十篇部分内容的学习，其中4个课时为精讲课，按学习之道、修身之道、君子之道、安贫乐道四个主题从《论语》中挑选出相关的语句学习；10个课时为通读课，通读并串讲"雍也篇第六"至"乡党篇第十"的内容。

《论语》 教学案例 （一）

一、教学内容：《论语》之修身之道

1. 曾子曰："吾日三省吾身：为人谋而不忠乎？与朋友交而不信乎？传不习乎？"（《论语·学而》）

2. 子曰："人而无信，不知其可也。大车无輗，小车无軏，其何以行之哉？"（《论语·为政》）

3. 子贡问曰："有一言而可以终身行之者乎？"子曰："其恕乎，己所不欲，勿施于人。"（《论语·卫灵公》）

二、教材解读

(一) 章句解读

《论语》是一部记录孔子及其弟子言行的书，为语录体散文，形同散珠。为了便于学习，本年级从不同章节中选取了三则语录，围绕"忠、信、恕"三方面介绍孔子修身处世的态度和精神。

第一则是孔子的弟子曾子的著名言论。曾子十分好学，本句就是证明。曾子每天多次反省自己：一是反省为他人做事是否尽心尽力。儒家讲究为人谋事能够忠于职守，这是基本的行为准则和职业道德，因此，曾子以此自省。二是反省与朋友交往是否信守承诺。"信"字，人言为"信"，说话算数就是"信"。子夏也说："与朋友交，言而有信。"朋友交往要说话算数，曾子以此自省。三是反省老师教过的知识有没有及时复习。曾子能在学习上经常反省，可见他是多么好学。

第二则是孔子的著名言论。这句话中，孔子通过形象的比喻，把"信"比作车子的活销，来说明"信"的重要性。车子没有活销，不能前行；人不讲信用，也将寸步难行，一事无成。"信"是孔门"四教"（文、行、忠、信）之一。孔子提出"信"是要求人们按照礼的规定互守信用，这是儒家的基本道德信条。

第三则是孔子与弟子子贡的对话。子贡问孔子，可以终身奉行的"一言"是什么，孔子回答是"恕"字，因为"恕"讲究的是"己所不欲，勿施于人"，若能做到这一点，以宽容的心体谅他人，自然能得到他人的信任。可见，孔子非常重视"恕"。

(二) 字句梳理

1. 曾子曰："吾日三省吾身：为人谋而不忠乎？与朋友交而不信乎？传不习乎？"

曾子：即曾参（shēn）（前505—前436）。姓曾，名参，字子舆。他是孔子的得意门生，以孝著。三省：省（xǐng），检查，反省。三省，指多次检查。古代在动词前加上数字，表示动作频次。忠：旧注曰"尽己之谓忠"。此处指对人应当尽心竭力，一心一意。信：旧注曰"信者，诚也"。以诚实谓"信"，要求人们按照礼的规定相互守信，以调整人们之间的关系。传：传授，这里指老师传授给学生的知识等。习：与"学而时习之"的"习"字一样，指反复温习。

释义：曾子说："我每天多次反省自己：替别人做事有没有尽心竭力？和朋友交往有没有信守承诺？老师传授的知识有没有及时温习？"

2. 子曰："人而无信，不知其可也。大车无輗，小车无軏，其何以行之哉？"

輗（ní）軏（yuè）：古代车辕前面用来驾牲口的横木两端都有活销，大车的叫輗，小车的叫軏。没有活销，自然无法驾牲口；没有牲口拉，车子当然就无法行走。大车：用牛拉的叫大车，一般载物。小车：用马拉的叫小车，一般载人。何以：以何，即"用什么，靠什么，拿什么，凭什么……"

释义：孔子说："人不讲信用，不知道能干什么。就好比大车上没有輗，小车上没有軏，它靠什么行走呢？"

3. 子贡问曰："有一言而可以终身行之者乎？"子曰："其恕乎，己所不欲，勿

施于人。"

一言：一个字。行：遵循，奉行。恕：推己及人，将心比心。行：奉行，遵循。

释义：子贡问道："有没有一句可以终身奉行的话呢?"孔子道："大概是'恕'吧! 自己不想要的任何事物，不要强加给别人。"

三、教学目标

1. 正确、流利地诵读《论语》中关于为人处世的三则名言，通过多种形式的朗读达到熟读成诵的目的。

2. 借助注释、小组合作等方式了解三则名言的内涵，通过视频故事、典故等资料理解"忠、信、恕"的意思。

3. 能联系生活实际，把"忠、信、恕"作为自己为人处世的准则。

四、教学过程

（一）故事导入

《半部论语》：主人公是北宋时期著名的政治家赵普。他曾为宋太祖赵匡胤出谋划策，发动兵变，拥立赵匡胤当皇帝，他本人也被任命为宰相。宋太祖死后，他的弟弟赵匡义当皇帝，有人告发赵普，说他一生只读《论语》一本书，不学无术，不适合当宰相。于是皇帝就找赵普了解实情。

我们来看赵普的问答："昔以其半辅太祖定天下，今欲以其半辅陛下致太平。"谁来解释一下赵普这句话的意思? 这个故事说明了什么?

后来，"半部《论语》治天下"就这样流传开来。虽然这只是个传说，但足以见得《论语》的价值和意义。

（二）温故篇

1. 回顾。

出示《论语》中关于学习、交友名言的上半句，引导学生说出下半句。

（1）关于学习的名言：

温故而知新，＿＿＿＿＿＿＿＿＿＿＿＿＿＿＿。

学而不思则罔，＿＿＿＿＿＿＿＿＿＿＿＿＿。

三人行必有我师焉，＿＿＿＿＿＿＿＿＿＿＿＿＿。

（2）关于交友之道的名言：

与朋友交，＿＿＿＿＿＿＿＿＿＿＿＿＿＿。

道不同，＿＿＿＿＿＿＿＿＿＿＿＿＿＿。

益者三友，损者三友，＿＿＿＿＿＿＿＿＿＿＿＿＿。

2. 小结。

儒家思想主导了中国几千年的文化，而《论语》承载了儒家思想的大部分精华。政治家可以从中汲取治国平天下之道，我们也可以从中汲取修身处世的智慧。

（三）知新篇

1. 熟读。

（1）教师范读，让学生注意听难字的读音。

（2）让学生自由读，教师帮助学生扫除读音障碍，重点指导三个难字：輗（ní）、軏（yuè）、哉（zāi）。

（3）引导学生进行多种形式朗读，读出节奏，读出古文的韵味。

曾子曰："吾日/三省吾身：为人谋/而不忠乎？与朋友交/而不信乎？传/不习乎？"

子曰："人而无信，不知/其可也。大车/无輗，小车/无軏，其何以/行之哉？"

子贡问曰："有一言/而可以/终身/行之者乎？"子曰："其恕乎，己所/不欲，勿施/于人。"

2. 悟意。

（1）组织小组合作学习，研读三则语录。

（2）出示第一则语录：体会儒家思想"忠"的内涵。

曾子曰："吾日三省吾身：为人谋而不忠乎？与朋友交而不信乎？传不习乎？"

①学生交流汇报名言大意。

②理解"三省吾身"中的"三省"，指的是多次反省，为虚指。

③曾子每日反省的内容是什么？我们可以从哪些方面进行反省？

④指导学生把这句话概括为一个"忠"字。

⑤博引：引出岳飞及其词作《满江红·怒发冲冠》（见教学资源或教材第22页），体会岳飞的"忠"。

⑥小结："忠"是儒家修身处世的行为准则。

⑦齐读这句话。

（3）出示第二则语录，体会儒家思想"信"的内涵。

子曰："人而无信，不知其可也。大车无輗，小车无軏，其何以行之哉？"

①点名说第二句的意思。

②这句话说的是诚信。既然是说诚信，为什么又说大车、小车，这二者有什么关系吗？

③出示图片，解说輗与軏。孔子把诚信跟车子的輗、軏进行对比，想告诉我们诚信的重要性。车子没有活销，就无法行走，人不讲诚信也什么事都干不成。

④引导学生把这则语录概括为一个字：信。出示古代"信"字的写法，左边是一个人，右边是一个口，是一个会意字，指的是一个人说话要诚实守信。

⑤博引：引导学生说出关于"信"的成语和名言。

⑥小结：儒家思想中，"信"跟"忠"一样，都是修身处世的行为准则。

（4）出示第三则语录，体会儒家思想"恕"的内涵。

子贡问曰："有一言而可以终身行之者乎？"子曰："其恕乎，己所不欲，勿施于人。"

①引导学生明白句子大意。

②播放孔子授课的视频。

③结合视频引导学生理解"恕"的含义及"己所不欲，勿施于人"的内涵。

④博引：引出故事《庾亮不卖的卢马》。（见教学资源）

从古文中体会庾亮的"己所不欲，勿施于人"。

⑤引导学生把这则语录概括为一个"恕"字。（板书"恕"）"恕"就是用自己的心去推测别人的心，推己及人，或者是将心比心。"恕"讲究的就是己所不欲，勿施于人。

⑥小结："忠""信""恕"三个字浓缩了这三则语录的精华，也浓缩了儒家思想修身处世的智慧。

（四）致用篇

1. 导入。

设计情境，让学生能自由表达并运用所学名言。

出示故事《三国演义·土山之约》（见教学资源），用今天学到的修身处世的智慧来点评一下关羽这个历史人物。

2. 有梯度地引导学生背诵。

（五）总结

同学们，《论语》是我们中华民族的瑰宝。我们走近它，熟读它，背诵它，让它植于我们心灵，伴我们成长，让我们做一个有思想的中国人。

五、教学资源

（一）古诗词：《满江红·怒发冲冠》（岳飞）

怒发冲冠，凭阑处、潇潇雨歇。抬望眼、仰天长啸，壮怀激烈。三十功名尘与土，八千里路云和月。莫等闲、白了少年头，空悲切。

靖康耻，犹未雪；臣子恨，何时灭。驾长车、踏破贺兰山缺。壮志饥餐胡虏肉，笑谈渴饮匈奴血。待从头、收拾旧山河，朝天阙。

（二）典故：《庾亮不卖的卢马》

庾（yǔ）公乘马有的卢，或语（yù）令卖去。庾云："卖之必有买者，即复害其主，宁可不安己而移于他人哉？"

（三）历史故事：《三国演义·土山之约》

一次，曹操率二十万大军，分五路杀奔徐州，讨伐刘备。刘备用了张飞的计策，

趁曹军立足未稳，半夜前去劫寨。谁知曹军早有准备，刘备、张飞被杀得大败。刘备单骑冲出重围，仓皇投奔了袁绍。张飞左冲右突，也只剩下数十骑，道路都被曹军截断，只得败走芒砀山。曹操先克小沛，又取徐州，正要和众谋士商议攻取下邳。当时，关羽保护着刘备的妻小，正在下邳城死守。曹操素爱关羽武艺，想让关羽归顺自己。谋士程昱献上一计：引诱关羽出战，然后诈败而走。关羽中计，追赶二十余里后，被曹军两路伏兵截住，只得引兵退到一座土山上歇息。曹兵将土山团团围住。

曹操特派张辽前去劝降。关羽不肯，宁愿以死相拼。张辽说道："兄不如且降曹公，再打听刘备音信，如知何处，即往投之。一者可保二夫人，二者不背桃园之约，三者可留有用之身。有此三便，请兄善虑。"关羽听了，沉吟片刻，对张辽说："兄言三便，我有三约。若曹丞相能从，我即卸甲；如不允，宁受三罪而死。第一，只降汉帝，不降曹操；第二，两位嫂嫂请给俸禄养赡；第三，但知刘备去向，不管千里万里，便当辞去。三者缺一，断不肯降。"曹操答应下来且待关羽甚厚，三日一小宴，五日一大宴，赠锦袍，送美女，还把缴获自吕布的赤兔马送给他，又封他为汉寿亭侯，但这些都未能动摇关羽对刘备的感情。后来，当关羽一打听到刘备的下落，便毫不犹豫地前去投奔。

《论语》 教学案例 （二）

一、教学内容：《论语》之安贫乐道

1. 子贡曰："贫而无谄，富而无骄，何如？"子曰："可也，未若贫而乐，富而好礼者也。"（《论语·学而》）

2. 子曰："饭疏食饮水，曲肱而枕之，乐亦在其中矣。不义而富且贵，于我如浮云。"（《论语·述而》）

3. 子欲居九夷，或曰："陋，如之何？"子曰："君子居之，何陋之有？"（《论语·子罕》）

二、教材解读

（一）章句解读

本节课学习的内容是从不同章节中选取的三则语录。这些语录体现了孔子安贫乐道的人生态度和志向，也体现了儒者在"弘毅"这一使命的感召下，保持对充实而淡泊、坚定而自信、简单而快乐的人生境界的追求，对学生的思想有启迪作用。例如："贫而乐，富而好礼"劝诫人们，不论贫富贵贱，乐道好礼是普遍的道德追求；"不义而富且贵，于我如浮云"告诉我们，君子爱财，取之有道；"君子居之，何陋之有"，含义深刻，在品读中，学生可以感悟君子品质。

第一则是子贡和孔子的一段对话。子贡善于经商，是孔子弟子中最富有的。他问孔子，贫困而不谄媚，富贵却不自大，这样的人怎么样？孔子根据子贡的身世及性情

对子贡提出了更高的要求：贫穷却乐于求道，富贵却谦逊好礼。子贡所说的还只是免于丧失廉耻，没有超越贫、富的概念；而孔子所说的是安贫乐道，在本性的基础上更进一层，追求更为高远的人性和德行。

第二则是孔子的话。在孔子看来，粗茶淡饭，敝衣陋居，都不足以影响一个人的快乐。不正当得来的富贵在他看来就像浮云一样，不是他所追求的。

第三则讲的是孔子提出去九夷居住，有人认为九夷偏远落后，不适宜居住。但孔子认为，君子住在那里，还有什么简陋呢！从中可看出孔子不论外在条件是否简陋，都能处之泰然，这也体现了他的"安贫乐道"。

（二）字句梳理

1. 子贡曰："贫而无谄，富而无骄，何如？"子曰："可也，未若贫而乐，富而好礼者也。"

谄：谄媚，奉承。骄：骄傲自大。何如：怎么样。未若：不如。

释义：子贡问孔子："贫困而不谄媚奉承，富贵却不骄傲自大，这样的人怎么样？"孔子回答："可以，但是还不如虽贫穷却乐于求道，虽富贵却谦虚好礼的人。"

2. 子曰："饭疏食饮水，曲肱而枕之，乐亦在其中矣。不义而富且贵，于我如浮云。"

饭：吃饭。疏食：粗食。水：指冷水。曲肱：弯着胳膊。枕：作动词，指弯着胳膊当枕头。

释义：孔子说："吃粗粮，喝冷水，弯着胳膊当枕头，乐趣也就在这里。干不正当的事得来的富贵，在我看来就像浮云一样。"

3. 子欲居九夷，或曰："陋，如之何？"子曰："君子居之，何陋之有？"

九夷：古代对东方九种民族的统称，这里泛指少数民族居住的偏远地区。陋：僻陋，闭塞。"何陋之有"："有何陋"的倒装句。

释义：孔子想要住到偏远的地方，有人说："那里很偏远且简陋，怎么办呢？"孔子说："有德行的人居住在那里，有什么简陋的呢？"

三、教学目标

1. 熟读并背诵《论语》中关于安贫乐道的三则语录。

2. 通过反复诵读、借助注释、小组合作等方式初步了解三则语录的内涵，感悟孔子安贫乐道的人生态度和品质。

3. 学习孔子淡化物质享受，保持精神追求的君子品格。

四、教学过程

（一）温故篇

出示《少儿国学读本》各册中关于勤俭的名言的上半句和《论语》中关于君子的名言的上半句，学生接下半句。

1. 关于勤俭的名言：

由俭入奢易，＿＿＿＿＿＿＿＿＿＿＿＿＿＿＿＿。

忧劳可以兴国，＿＿＿＿＿＿＿＿＿＿＿＿＿。

历览前贤国与家，＿＿＿＿＿＿＿＿＿＿＿＿。

静以修身，＿＿＿＿＿＿＿＿＿＿＿＿＿＿。

2. 关于君子的名言：

君子和而不同，＿＿＿＿＿＿＿＿＿＿＿＿＿。

君子泰而不骄，＿＿＿＿＿＿＿＿＿＿＿＿＿。

君子周而不比，＿＿＿＿＿＿＿＿＿＿＿＿＿。

君子坦荡荡，＿＿＿＿＿＿＿＿＿＿＿＿＿＿。

（二）知新篇

1. 熟读。

（1）自主朗读，试着把句子读正确、读流利。

（2）借助拼音读准字音：谄（chǎn）、曲（qū）、肱（gōng）、夷（yí）。

（3）读出古文的节奏。

子贡曰："贫而/无谄，富而/无骄，何如？"子曰："可也，未若/贫而乐，富而/好礼者也。"

子曰："饭疏食/饮水，曲肱/而枕之，乐/亦在/其中矣。不义/而富且贵，于我/如浮云。"

子/欲居/九夷，或曰："陋，如之何？"子曰："君子/居之，何陋/之有？"

（4）运用分角色读、师生对读、齐读等方式诵读古文，读出韵味。

2. 悟意。

（1）组织小组合作学习，研读三则语录。

（2）引导学生交流汇报语录大意。

（3）引导学生理解第一则语录：

子贡曰："贫而无谄，富而无骄，何如？"子曰："可也，未若贫而乐，富而好礼者也。"

①理解句子的意思。

②讲述孔子弟子原宪安贫乐道的故事，体会孔子对"贫而乐，富而好礼"的君子品质的追求。

③齐读句子。

（4）理解第二则语录：

子曰："饭疏食饮水，曲肱而枕之，乐亦在其中矣。不义而富且贵，于我如浮云。"

①理解大意。

②观看视频故事：《不为五斗米而折腰》，让学生从中体会陶渊明安贫乐道的精神。

③学生思辨：何为"不义之财"和"有义之财"？（不义之财：不应该得到的或以不正当的手段获得的钱财，例如，通过欺骗或抢夺、偷盗等违法手段得到的财富。

有义之财：通过正当途径、合法手段获得的符合道义的财富。）

④联系实际，感悟君子取财有道的品质。

（5）理解第三则语录：

子欲居九夷，或曰："陋，如之何？"子曰："君子居之，何陋之有？"

①介绍九夷之地，引导学生体会孔子为了理想而宁愿居于贫困之地的君子品质和人生追求。

九夷：泛指少数民族居住的偏远地区。《论语疏》："东有九夷：一玄菟、二乐浪、三高骊、四满饰、五凫更、六索家、七东屠、八倭人、九天鄙，皆在海中之夷。玄菟、乐浪、高骊，皆朝鲜地。"

②理解句子大意。

③引读古文《陋室铭》，体会孔子安贫乐道的精神。

山不在高，有仙则名。水不在深，有龙则灵。斯是陋室，惟吾德馨。苔痕上阶绿，草色入帘青。谈笑有鸿儒，往来无白丁。可以调素琴，阅金经。无丝竹之乱耳，无案牍之劳形。南阳诸葛庐，西蜀子云亭。孔子云："何陋之有？"

3. 博引。

讲述《孔子被困于陈蔡》的故事。

（三）致用篇

1. 导入。

播放《朗读者》中介绍秦玥飞的片段，让学生说体会。

2. 背诵。

学生自由练习背诵→全班镂空填背→个人展示背诵→男女生接龙背→全班齐背

3. 作业。

自己读一读本册教材的小古文《嗟来之食》。

五、教学资源

（一）国学故事：孔子被困于陈蔡

孔子带着弟子周游列国时，被困于陈蔡，断了粮食，很多人饿坏了、病倒了，爬不起来。孔子却依然每天给弟子们讲课，还弹起琴。子路一脸怒气地来见孔子，说："好人应该有好报，难道君子也会有穷途末路的时候吗？"听了此话，孔子放下琴说："君子和小人不同。君子也有穷困的时候。君子之所以是君子，就是在穷困的时候愈加顽强、坚定，而小人在这个时候就没了底线，胡作非为。"

子贡在一旁，脸色不是很好看，甚至有些生闷气。孔子说："子贡啊，你认为我学问很多，很有见识，很会随机应变吗？"子贡说："是啊，难道不是这样吗？"孔子说："看来你们还没有真正了解我。我是一以贯之，一直坚持着自己的主张，并不是随时改变的！"

颜回说："不能修明正道，是我们的耻辱；正道已修，不被采纳，则是执政者的耻辱。"这让孔子无限欣慰。孔子说："芝兰生于深林，不因无人而不芳；君子修道立德，不为穷困而改节。"孔子认为，君子不论是人生显达，还是身处困境，都不会改变自己的节操，反而更加坚持自己的理想和追求。

（二）国学故事：原宪安贫乐道

原宪，字子思，鲁国或宋国人，比孔子小26岁或36岁。他和颜回、冉求、冉雍一样，是孔子出仕之前的弟子之一，素以操守、道德、气节著称。

孔子出任鲁国大司寇时，原宪曾任孔子家宰。孔子发给原宪的薪水是小米九百，原宪却拒绝接受。孔子告诉他不必拒绝，可用多余的钱财接济穷困的亲戚、朋友和乡邻。

原宪是否接受，史无记载。但原宪的生活是非常穷困的，比颜回还糟，尤其是孔子卒后，他隐居卫国，生活每况愈下却仍致力于修自己的道德之心，不曾稍减。子贡前去拜访，想接济他，大摆阔气，贸然说出"夫子岂病乎"的话，却被以贫困为荣的原宪抢白了一顿。原宪曰："吾闻之，无财者谓之贫，学道而不能行者谓之病。若宪，贫也，非病也。"子贡很惭愧，终身耻己言语之过。

（三）视频：《朗读者》中关于最美村官秦玥飞的事迹

第四部分　小古文

本册教材选编了五篇小古文。这五篇小古文的编选主要以游记散文、记事散文为主，分别为《小石潭记》《嗟来之食》《对楚王问（节选）》《曹刿论战（节选）》《鱼我所欲也（节选）》。每篇小古文包含"原文—作者—注释—译文—图说"五部分。

《小石潭记》是一篇文质精美、情景交融的山水游记。作者柳宗元是唐代著名文学家、思想家，"唐宋八大家"之一。本文是柳宗元写的《永州八记》的第四篇。作者以优美的语言描写了小石潭美丽的景致。文章按游览顺序，先写发现小石潭，然后描写小石潭的水、石、树、鱼，再写小潭上游的景色以及对小石潭的总体感受，最后记录了同游者。全篇游记结构完整，含蓄地抒发了作者贬至永州后难以排遣的凄苦之情。

《嗟来之食》出自《礼记·檀弓下》。这篇文章写了一个有骨气的饿汉宁愿饿死也不吃"嗟来之食"的故事，后来人们以此来赞扬有骨气、不丢失自己尊严的人。

《对楚王问（节选）》的作者宋玉是战国后期的楚辞作家。其代表作是《九辩》。本册节选的内容是《对楚王问》一文中，楚襄王问宋玉"为什么国人对你不满意"时，宋玉回答的一段。所选内容为"客有歌于郢中者……是其曲弥高，其和弥寡"。本段文字的中心句是"其曲弥高，其和弥寡"，这也是"曲高和寡"这个成语的由来。这个成语往往用来形容杰出的著作和作品一时得不到人们赏识的现象，抒发了知音难得的感慨。

《曹刿论战（节选）》选自《左传·庄公十年》。《左传》传说为春秋末鲁国史官左丘明所作。本册节选的内容是"公与之乘……吾视其辙乱，望其旗靡，故逐之"。

节选的文字分为两段，展现了曹刿的远谋。第一段简述曹刿指挥鲁军进行反攻、追击和最后取得胜利的过程，显示了曹刿的军事指挥才能，为下文分析取胜的原因埋下伏笔；第二段论述取胜的原因，突出曹刿善于抓住战机，谨慎而又果断的战术思想。

《鱼我所欲也（节选）》出自《孟子·告子上》。《孟子》是记载孟子及其弟子言行的一部著作。本册节选的内容是"孟子曰：鱼，我所欲也，熊掌，亦我所欲也……故患有所不辟也"。这段话陈述了孟子的价值观。孟子认为，"义"是一个高尚的人应该具备的品德，比生命还要宝贵，为了取得"义"宁可舍弃生命，这就叫"舍生取义"。

建议本册教材中的五篇小古文安排 4 个课时完成，其中《小石潭记》《对楚王问（节选）》《曹刿论战（节选）》三篇小古文需要详细解读，并背诵全文。另外两篇小古文只要读通，背诵画线的重点句子即可。教师也可以自主选择其中三篇小古文精读，各用 1 个课时。

小古文教学案例

一、教学内容：《嗟来之食》

二、教材解读

（一）课文简介

《嗟来之食》选自《礼记·檀弓下》。《礼记》主要通过简单的故事来说明深奥的道理。《嗟来之食》这篇古文，有一定的故事情节，语言也很精练，在简短的篇幅中，有人物的动作描写，也有神态描写，还有评论。这篇古文告诉我们，做人要有骨气，宁可饿死，也不能丢失尊严。这样的道理在当今社会仍然具有一定的思辨性。

（二）字句梳理

1. 齐大饥。

大饥：严重的饥荒。

2. 黔敖为食于路，以待饿者而食之。

黔敖：齐国的一位富商。前一个"食"读"shí"，指食物。后一个"食"读"sì"，意思是"给吃，喂养，给……吃"。

3. 有饿者，蒙袂辑屦，贸贸然来。

蒙袂（mèi）：用袖子遮着脸。辑（jí）屦（jù）：拖着鞋子。蒙袂辑屦：用袖子遮着脸，拖着一双破鞋子。贸贸然：昏昏沉沉的样子。

4. 黔敖左奉食，右执饮，曰："嗟！来食！"

奉：同"捧"，捧着。执饮：端着汤。嗟：喂，语气词，招呼声。

5. 扬其目而视之，曰："予唯不食嗟来之食，以至于斯也。"

扬其目：抬起他的眼睛。予：我。斯：这地步。

6. 从而谢焉，终不食而死。

从：跟随。谢：道歉。

7. 曾子闻之曰："微与，其嗟也可去，其谢也可食。"

微：不应当。与：表示感叹的语气词。去：离开，文中引申为拒绝。食：吃。

（三）课文大意

齐国发生严重的饥荒。一个名叫黔敖的人在大路旁摆上食物，并施舍给饿着肚子的、路过的穷人吃。一天，一个饥饿的人用袖子遮着脸，拖着一双破鞋子，昏昏沉沉地走来。黔敖左手捧着食物，右手端着汤，（傲慢地）说："喂！来吃吧！"那个饥民抬起头看着他，说："我就是因为不吃这种'嗟来之食'，才落得如此地步。"黔敖追上前去向他道歉，但饥民仍然不吃，最终饿死了。曾子听说这件事后，说："其实不必这样。开始黔敖无礼吆喝时，当然可以拒绝，但他道歉之后，就可以去吃。"

三、教学目标

1. 熟读并背诵《嗟来之食》。

2. 了解故事内容，体会故事中饿者不吃"嗟来之食"是为了维护尊严的道理。

3. 让学生思考、讨论到底该不该吃"嗟来之食"，以培养其思辨意识。

四、教学过程

（一）温故篇

1. 回顾。

出示本册的名言、古诗，引导学生复习背诵。

2. 出示。

"志士不饮盗泉之水"，让学生接下半句。（廉者不受嗟来之食）

何为"嗟来之食"？今天我们就来学习《礼记》中的这篇文章。

（二）知新篇

1. 导入。

（1）简单介绍《礼记》。《礼记》是儒家"四书五经"中的一部，据传由西汉礼学家戴圣对秦汉以前各种礼仪论著加以辑录、编纂而成，共49篇。《礼记》主要通过简单的故事来说明深奥的道理。

（2）引入课题，板书课题，学生读题，正音"嗟"。

2. 熟读。

（1）自由朗读，把句子读正确、读流利。

（2）借助拼音，读准难词、难句：黔敖为食于路、蒙袂辑屦。

（3）读准多音字"为"和"食"，以"黔敖为食于路，以待饿者而食之""食嗟来之食，以至于斯也"为例。

（4）再次展示全文，点名读、齐读。学生通过各种形式的朗读，将课文读正确、

读通顺、读流利。

（5）用 PPT 显示朗读的节奏。

齐大饥。黔敖/为食/于路，以待/饿者/而食之。有/饿者，蒙袂/辑屦，贸贸然/来。黔敖/左奉食，右执饮，曰："嗟！来食！"扬其目/而视之，曰："予唯/不食/嗟来之食，以至/于斯也。"从而/谢焉，终/不食/而死。曾子/闻之/曰："微与，其嗟也/可去，其谢也/可食。"

教师范读，学生自由练读，感受古文的韵味。

（6）点名读，齐读。

3. 悟意。

（1）组织四人小组合作学习，让学生结合文中的注释，理解文章的意思。

（2）展示图片（图片内容要吻合课文的句子），学生根据图片说句子。

4. 博引。

（1）提问：这个小故事中，提到了几个人物？你觉得饿汉（饥民）是个怎样的人？由这个饿汉（饥民），你想起了谁？

（2）教师引出"不饮盗泉之水"的故事。

（3）出示"志士不饮盗泉之水"，让学生根据这篇文章的内容对下句。（廉者不受嗟来之食）

（4）组织辩论：读了这个故事，你认为饿汉（饥民）最后该不该接受黔敖的食物？

（5）教师总结。

（三）致用篇

1. 引导学生展开思考。

（1）出示图片（四肢健全、年富力强的乞讨者），问：你如何看待他们的行为？

（2）出示故事《朱自清拒领救济粮》。

2. 熟读背诵。

（1）填空背。

（2）全文背。

（3）全班齐背。

（四）布置作业

背诵全文。

五、教学资源

（一）《礼记·檀弓》介绍

《礼记》是一部儒家经典著作，所收文章是孔子的学生及战国时期儒家学者的作品。其中《檀弓》分为上、下篇。"檀弓"是人名，又称"檀公"，战国时人。有人推测他可能是孔门弟子子游的门人。他的名字出现在篇章开头，因而用作篇名。《檀弓》所述内容多半跟丧亡有关，那篇脍炙人口的《苛政猛于虎》就出自《檀弓》。《檀弓》中为人熟悉的小故事还有《曾子易箦（zé）》《嗟来之食》等。

（二）主题故事：朱自清拒领救济粮

朱自清是清华大学教授、著名的文学家。抗日战争结束后，美国政府一方面支持蒋介石发动内战，另一方面利用签定条约的办法在中国获取了许多特权，还加紧武装日本，借此对中国重新造成威胁。当时，物价飞涨，物品奇缺，很多人在饥饿和死亡线上挣扎。人们对美国和国民党政府十分不满，反抗的呼声越来越高。美国为了支持蒋介石，就运来一些面粉，说要"救济"中国人，希望让中国人"感谢"美国，不反对它。

1948 年 6 月，朱自清开始抗议美国的扶日政策，并因此在拒绝领取美援面粉的宣言上签名。他在日记中写道："坚信我的签名之举是正确的。因为反对美国武装日本的政策，就要采取直接的行动，不应逃避自己的责任。"朱自清后因胃病复发，医治无效，于 1948 年 8 月 12 日在贫病中死去。死前，他还嘱咐家人不要购买美援面粉。

朱自清宁肯挨饿而死，也不肯领受带侮辱性的"救济粮"，表现了一个中国人应有的尊严。毛泽东十分肯定朱自清宁肯饿死也不领美国"救济粮"的精神，赞扬他"表现了我们民族的英雄气概"。

第五部分　国学小天地

本年级书法和国画部分分别介绍了行书和写意动物的画法。
书法：了解行书的特点，以及王羲之与《兰亭集序》。
国画：学习用笔墨的技法对动物进行造型，体验笔墨趣味。

书法教学案例

一、教学目标

1. 了解行书的起源及发展过程。
2. 初步了解行书的用笔特点和结构特征。
3. 体会行书的审美特征和鲜明的个性。

二、教学重点和难点

了解行书的结构规律，体会行书的美与它独特的个性。

三、学法指导

（一）行书的产生与发展

在楷书快写的基础上加上部分"草法"就形成了行书。行书是介于草书和楷书之间的一种简易手写体，既不像草书那样难写、难认，又不像楷书那样严谨端庄，所以古人说它"非真非草"。它的特点是运用一定"草法"，部分地简化楷书的笔画，改变楷书的字形，进而草化楷书的结构。总之，它比楷书流动、率意、潇洒，又比草书易认、好写。行书是在汉末伴随着楷书而产生的一种新的书体，在当时，尚未普及。直至晋朝王羲之的出现，行书才盛行起来。行书分行楷和行草两种，楷法多于"草法"的叫"行楷"，"草法"多于楷法的叫"行草"。

（二）行书的书写特点

行书的用笔有以下几个特点：
（1）点画以露锋入纸的写法居多；
（2）以欹侧代替平整；
（3）以简省的笔画代替繁复的点画；
（4）以勾、挑、牵丝来加强点画的呼应；
（5）以圆转代替方折。

（三）行书的结构特点

1. 大小相兼。即每个字大小不同，存在一个字的笔与笔相连、字与字之间的连带等现象。既有实连，也有意连，有断有连，顾盼呼应。

2. 收放结合。一般是线条短的为收，线条长的为放；回锋为收，侧锋为放；多数是左收右放、上收下放，但可以互相转换，不排除左放右收、上放下收。

3. 疏密得体。一般是上密下疏、左密右疏、内密外疏。中宫紧结，框进去的留白越小越好，画圈的笔画留白也是越小越好。布局上字距紧压，行距拉开，跌扑纵跃，苍劲多姿。

4. 浓淡相融。行书书写应轻松、活泼、迅捷，掌握好疾与迟、动与静的结合。墨色安排上应首字为浓，末字为枯。线条长细短粗，轻重适宜，浓淡相间。

（四）王羲之《兰亭集序》简介

王羲之（303—361，一作321—379），字逸少，东晋时期著名书法家，有"书圣"之称。王羲之行书中最有代表性的是《兰亭集序》，被誉为"天下第一行书"。《兰亭集序》具有很强的艺术特色。其突出之处就是章法自然，气韵生动。通观全文，从容不迫，得心应手，使艺术风格同文字内容有机结合起来，充分表现了王羲之与朋友聚会时，曲水流觞，快然自足之情怀。就布局来说，《兰亭集序》采取纵有行、横无列式，其字与字大小参差，不求划一，长短相配，错落有致，而点画皆映带而生，气脉顺畅。结构变化微妙，如楷书者而不呆板，似草书者亦不狂怪，千姿百态。行笔藏锋较多，转折并用，减省笔画，牵丝相连，多笔相连，笔画替代，提按明显，改变笔顺。

国画教学案例

一、教学目标
1. 学习写意虾的画法，能画出有水墨韵味的游虾。
2. 能运用浓、淡、干、湿、粗、细等不同的墨色和笔法表现虾。
3. 了解齐白石关于虾的故事，培养学生对水墨画的热爱之情。

二、教学重点和难点
1. 教学重点：学习用笔、用墨的技法、技巧。
2. 教学难点：水分的控制，用深浅不同的墨色表现虾透明的身体。

三、学法指导
1. 简单介绍齐白石的成就。引导学生欣赏齐白石的作品《群虾图》，观察作品的笔墨（墨线、墨点、墨块；干、湿、浓、淡）。
2. 介绍虾的基本形体结构。虾，尾节肢动物，甲壳类，生活在水域。身体分为头、胸部和腹部。头部和背面在前段，具有复眼一对，长短触角两对，每对分三条置于头部左右；腹部狭长而前粗后细，共分六节。各环节均长有虾划水用的桡脚，末端有尾。胸部前有一对钳脚，后有五对步脚。
3. 教师演示画虾的技法和大致步骤。
先以淡墨分上下两笔画出头、胸部甲壳，填上六节腹部，画至中间第三节时，要略有弯曲。浓墨画眼和脑髓，最后画钳脚和触须。
4. 小练笔，画虾。

五年级

学年总结与评价建议
（关于"国学雏鹰奖章"）

"国学雏鹰奖章"评价表根据《少儿国学读本》每册学习内容而设计，评价目的在于考查学生一学年的学习情况。评价目标和评价主体多元化，尊重学生的个体差异，全体学生都要达到基本要求，鼓励学有余力的学生对自己设定更高的目标。评价中设置了自己、家长、伙伴、老师四个评价员，只要能完成评价表的学习内容，达到学习目标，均可评为"合格"，从而获得"国学雏鹰奖章"。该评价表旨在让学生体

验个人进步的乐趣和达成目标的成就感，进而促进学生自主学习，朝着下一个目标迈进。

"国学雏鹰奖章" 五级评价表

序号	学习内容、目标	评价情况			
		自己评	家长评	伙伴评	老师评
1	熟练背诵本册 20 句名言，能在学习、生活中运用。				
2	熟练背诵本册 20 首古诗词。能说出诗词题目、作者，并说出诗词的大意。				
3	熟读《论语》第六至十篇，了解大意，能写读后感，背诵以下篇章和段落：第六篇第 11、20、21、23 段，第七篇第 2、3、6、8、22 段，第八篇第 7 段，第九篇，第十篇。				
4	熟读本册小古文 5 篇。背诵《小石潭记》《对楚王问（节选）》《曹刿论战（节选）》，其他篇章背诵画线的名句。				
5	了解中国书法的特点；了解中国画的特点，学画中国画。				

评价说明：

    1. 学习情况由四个人参与评价。

    2. 能完成上表中的每项学习内容，即可获得"国学雏鹰奖章"。

"国学雏鹰奖章" 五级达标评价确认表

    _____年_____班学生_____在_____年_____月经评价考核，可获取一级"国学雏鹰奖章"。

        评价员签名：自己_____   伙伴_____

                家长_____   老师_____

                                大队部盖章

                                年   月   日

六年级

教学建议

教学进度安排（参考）

	周次	教学内容	课时安排
上学期	第1周	名言——明志主题	1课时
	第2周	名言——奉公主题	1课时
	第3周	名言——荣辱主题	1课时
	第4周	《山中问答》《渔翁》	1课时
	第5周	《月夜》《虞美人·春花秋月何时了》	1课时
	第6周	《浣溪沙·一曲新词酒一杯》 《浣溪沙·漠漠轻寒上小楼》	1课时
	第7周	《蜀相》《破阵子·为陈同甫赋壮词以寄之》	1课时
	第8周	《菩萨蛮·书江西造口壁》《扬州慢·淮左名都》	1课时
	第9周	初读《道德经》第一章至四十章	1课时
	第10周	初读《道德经》第四十一章至八十一章	1课时
	第11周	熟读第一至四章，精讲第二章	1课时
	第12周	熟读第五至八章，精讲第八章	1课时
	第13周	熟读第九至十三章，精讲第十二章	1课时
	第14周	熟读第十四至二十章	1课时
	第15周	熟读第二十一至二十八章	1课时
	第16周	熟读第二十九至三十七章	1课时
下学期	第1周	熟读第三十八至四十九章	1课时
	第2周	熟读第五十至五十九章	1课时
	第3周	熟读第六十至六十九章，精讲第六十六章	1课时
	第4周	熟读第七十至七十九章，精讲第七十八章	1课时
	第5周	熟读第八十、八十一章，精讲第八十一章	1课时
	第6周	复习全篇谈收获	1课时
	第7周	指导背诵第一至十三章、七十八章、八十一章	1课时
	第8周	考核第一至十三章、七十八章、八十一章	1课时
	第9周	《师说（节选）》	1课时
	第10周	《出师表（节选）》	1课时

	周次	教学内容	课时安排
下学期	第 11 周	《岳阳楼记》	1 课时
	第 12 周	《劝学（节选）》、《五柳先生传》	1 课时
	第 13 周	国学小天地	1 课时
	第 14 周	国学小天地	1 课时
	第 15 周	期末复习名言、古诗词、《道德经》、小古文	1 课时
	第 16 周	期末考核	1 课时

第一部分　名言

　　《少儿国学读本·六年级》名言部分以"明志""奉公""荣辱"为主题，精选了20句经典名言，每句名言正文按照"名言—出处—注解"方式呈现。

　　明志：志，心之所向，志向指的是立身行事的意图和决心。一个人从小就有明确的理想和志向，对一生的成长都能起到积极的作用。

　　奉公：就是奉行公事，不徇私情。中华民族自古以来都提倡个人私利服从社会公利的精神。培育这种"公"的精神是强化对社会、民族的义务感和历史责任感。在现代社会，奉公更多地表现为爱护集体事业，以国家和人民的利益为重，守法与廉洁乃是奉公的基本要求。

　　荣辱："荣"指荣誉或光荣，"辱"指耻辱。荣辱观是指有正确的是非、善恶、美丑观念，是每一个公民应有的价值取向和行为准则，也是公民应该具备的基本素质。

　　本册名言三个主题中的20句名言既包含深刻的哲理，读起来又具有极强的音韵美。高年级学生已经具备自主学习的能力，在诵读和理解方面，教师在学生自主学习的基础上稍加点拨即可。建议在教学中让学生除了诵读积累、熟读成诵之外，还应在理解意思的基础上多与生活经验相联系，既可以丰富认知体验，又可以达到知行合一的目的。

　　本册名言内容建议用3个课时完成。

名言教学案例

一、教学内容：名言——明志主题

1. 富贵不能淫，贫贱不能移，威武不能屈。

2. 出淤泥而不染，濯清涟而不妖。

3. 非淡泊无以明志，非宁静无以致远。

4. 古之立大事者，不惟有超世之才，亦必有坚忍不拔之志。

5. 有志不在年高，无志空长百岁。

6. 士不可以不弘毅，任重而道远。

7. 岁寒，然后知松柏之后凋也。

二、教材解读

（一）名言简介

1. 富贵不能淫，贫贱不能移，威武不能屈。

这句话出自《孟子·滕文公下》，强调面对富贵、贫贱、威武等不同人生境遇时，我们要坚守内心的道义原则。它鞭策了无数英雄豪杰、仁人志士，成为他们不畏强暴、坚持正义的精神支柱。

2. 出淤泥而不染，濯清涟而不妖。

这句话出自北宋周敦颐的《爱莲说》，写出了莲花虽身处污泥之中，却纤尘不染，具有不随世俗、洁身自爱和天真自然不显媚态的可贵精神，歌颂了莲花坚贞的品格，赞扬了那些品质高洁、操守坚定的人。

3. 非淡泊无以明志，非宁静无以致远。

诸葛亮是三国时期的政治家，也是一位品格高洁、才学渊博的父亲。这句话出自他53岁时写给儿子的《诫子书》，运用了双重否定的句式，强调一个人须恬淡寡欲方可有明确的志向，须寂寞清静才能达到深远的境界。语浅而意蕴深刻，充满了道家哲理，反映出诸葛亮对人生的哲理思考。

4. 古之立大事者，不惟有超世之才，亦必有坚忍不拔之志。

这句话出自苏轼的《晁错论》，它强调"超世之才"不是与生俱来的，成为超世之才的关键还是要有坚忍不拔的意志。如果没有远大的志向和坚忍不拔的意志，是难以有突破的。

5. 有志不在年高，无志空长百岁。

这句话出自《传家宝·俗谚》，用来激励人从小立志。它指出做人要有远大志向，如果没有志气和理想，会一辈子都没有成就。

6. 士不可以不弘毅，任重而道远。

这句话是《论语·泰伯》中曾子说的，原文为"士不可以不弘毅，任重而道远。仁以为己任，不亦重乎？死而后已，不亦远乎？"曾子借这句话表达了自己的志向：以弘扬人道为己任，就是人生的价值所在。

7. 岁寒，然后知松柏之后凋也。

这句话出自《论语·子罕》，它赞美了松树和柏树坚忍耐寒的品质，比喻有修为的人有坚韧的力量，耐得住困苦，受得了折磨，不易改变初心。

（二）字句梳理

1. 富贵不能淫，贫贱不能移，威武不能屈。

淫：无节制。移：改变，动摇。屈：屈服。

释义：富贵不能使我放纵享乐，贫贱不能使我改变节操，武力不能使我卑躬屈膝。

2. 出淤泥而不染，濯清涟而不妖。

淤泥：水底的污泥。染：沾。濯：洗涤。妖：妖媚。

释义：（莲花）虽生长于淤泥之间，却能保持洁净不污；虽洗涤于清水之中，却风姿天然，不显得妖媚。

3. 非淡泊无以明志，非宁静无以致远。

释义：不恬淡寡欲就不能确立远大的志向，不排除杂念就无法深谋远虑。

4. 古之立大事者，不惟有超世之才，亦必有坚忍不拔之志。

世：世人，平常人。亦：也，还。

释义：自古以来能够成就伟大事业的人，不仅仅因为他们有超凡出众的才华，而且要有坚定而不可动摇的意志。

5. 有志不在年高，无志空长百岁。

释义：有志向的人不在年龄的大小，无志向的人即使活到很大岁数，也是虚度终生。

6. 士不可以不弘毅，任重而道远。

士：君子，读书人。弘：广大。毅：强毅。

释义：读书人一定要有远大的志向和坚强的毅力，因为他肩负的责任重大，道路遥远。

7. 岁寒，然后知松柏之后凋也。

岁寒：每年天气最寒冷的时候。凋：凋零。

释义：到了天气寒冷的时候，才能看出松柏是最后凋零的。比喻有修为的人有坚韧的力量，耐得住困苦，受得了折磨，不易改变初心。

三、教学目标

1. 能够正确、流利地朗读并背诵明志主题的七句名言。
2. 能够借助注解理解名言的意思，了解屈原、苏武等一些名人立志的事迹。
3. 懂得从小立下远大志向，做有理想、有目标、有抱负的人。

四、教学过程

（一）温故篇

1. 名言对对碰。
背诵已经学过的明志主题的名言。
2. 齐背古诗文《竹石》《石灰吟》。
3. 小结，导入新课。
同学们，我们刚才复习背诵了古诗文《竹石》《石灰吟》，这两篇古诗文在表达上有一个共同的特点——托物言志，分别借竹子、石灰表达了作者的志向，告诉我们从小树立远大的志向、培养坚忍不拔的品质，有助于我们获得成功。今天我们来学习明志主题的名言。

（二）知新篇

1. 出示本节课的学习主题——明志。

介绍"志"字的演变及字义：

| 金文 | 小篆 | 隶书 | 楷书 |

志，意思是心之所向，内心追求的目标。志存高远，就会自我激励，奋发向上，有所成就。

2. 初读名言。

（1）出示明志主题的七句名言，自由朗读，注意读准字音。

（2）指名分句朗读名言，注意"淫""濯""涟"的字音。

（3）全班齐读。

3. 精读名言——悟意。

（1）结合注释，同桌交流名言的意思。

（2）运用典故指导理解"富贵不能淫，贫贱不能移，威武不能屈""出淤泥而不染，濯清涟而不妖""非淡泊无以明志，非宁静无以致远"。

①富贵不能淫，贫贱不能移，威武不能屈。

故事《苏武牧羊》：西汉时期，汉武帝派中郎将苏武出使匈奴国，匈奴国首领多次胁迫他投降，先用畜群、财富、官位等条件引诱他，不成之后又罚他到极其艰苦的偏远地方牧羊，断绝他的饮食来源，企图用艰苦贫困的生活迫使他就范。苏武威武不屈、贫贱不移，也不为富贵所诱惑，历尽艰辛，在匈奴国被囚19年，始终保持节操。后来，他终于回到汉朝，汉宣帝将其列为麒麟阁十一功臣之一。

②出淤泥而不染，濯清涟而不妖。

《爱莲说》：水陆草木之花，可爱者甚蕃。晋陶渊明独爱菊。自李唐来，世人甚爱牡丹。予独爱莲之出淤泥而不染，濯清涟而不妖，中通外直，不蔓不枝，香远益清，亭亭净植，可远观而不可亵玩焉。予谓菊，花之隐逸者也；牡丹，花之富贵者也；莲，花之君子者也。噫！菊之爱，陶后鲜有闻。莲之爱，同予者何人？牡丹之爱，宜乎众矣！

③非淡泊无以明志，非宁静无以致远。

《诫子书》：夫君子之行，静以修身，俭以养德。非淡泊无以明志，非宁静无以致远。夫学须静也，才须学也，非学无以广才，非志无以成学。淫慢则不能励精，险躁则不能治性。年与时驰，意与日去，遂成枯落，多不接世，悲守穷庐，将复何及！

（三）致用篇

1. 结合事例说一说你对"有志不在年高，无志空长百岁"的理解。
2. 交流分享：我的理想。
3. 背诵积累明志主题的名言。

五、教学资源

（一）《诫子书》

诸葛亮的《诫子书》是一篇充满智慧之语的家训，是古代家训中的名作。文章阐述修身养性、治学做人的深刻道理，读来发人深省，是关于修身立志的名篇。

《诫子书》的主旨是劝勉儿子勤学立志，修身养性，保持淡泊宁静，最忌怠惰险躁。文章不但讲明了修身养性的途径和方法，也指明了立志与学习的关系；不但讲明了淡泊宁静的重要性，也指明了放纵怠慢、偏激急躁的危害。在这篇文章中，有宁静的力量："静以修身""非宁静无以致远"；有节俭的力量："俭以养德"；有超脱的力量："非淡泊无以明志"；有好学的力量："夫学须静也，才须学也"；有励志的力量："非学无以广才，非志无以成学"；有速度的力量："淫慢则不能励精"；有性格的力量："险躁则不能治性"；有惜时的力量："年与时驰，意与日去"；有想象的力量："遂成枯落，多不接世，悲守穷庐，将复何及"。文章短小精悍，言简意赅，文字清新雅致，不事雕琢，说理平易近人。

（二）古诗《题苏武牧羊图》

题苏武牧羊图

（元）杨维桢

未入麒麟阁，时时望帝乡。

寄书元有雁，食雪不离羊。

旄尽风霜节，心悬日月光。

李陵何以别，涕泪满河梁。

（三）国画欣赏：《苏武牧羊图》（傅抱石作）

第二部分　古诗词

本册教材选编了20首古诗词，分为景趣、思乡、思亲、爱国四个主题。每首诗词包括诗词名、朝代、作者、内容、注释五个方面内容。

景趣主题八首：《山中问答》以诗中少见的问答形式描写了隐居环境的优美、生

活的自在;《浣溪沙·一曲新词酒一杯》从常过的生活——宴饮、作词,常见的景物——亭台、落花、燕子,感伤时光易逝、物是人非;《晚春》独辟蹊径,描写暮春时节花草树木万紫千红,杨花榆钱颜色如雪、漫天飞舞;《渔翁》用渔翁生活的写照勾画出一幅清逸的山水图;《钱塘湖春行》写西湖早春明媚的风光;《雨过山村》展示雨中乡村忙碌的生活;《浣溪沙·漠漠轻寒上小楼》描绘作者在春季阴天的早晨独上小楼,见画屏、飞花、细雨后心生淡淡闲愁;《无题二首(其一)》描写主人公在春风沉醉的夜晚参加宴饮至天明,匆匆去当差的情景。

思乡主题五首:《寄扬州韩绰判官》是作者向友人诉说对扬州绿水青山及闲逸生活的想念;《双调·水仙子·夜雨》写作者在秋日雨夜借宿他乡,思念亲人,倍感凄凉;《次北固山下》写作者于北固山下停泊时见到绿水青山、潮平岸阔,拂晓行船时又见初春新绿,引发深深的思乡之情;《月夜》是写于战乱中流离失所,望月思亲的感叹;《虞美人·春花秋月何时了》是亡国君主触景生情的悲歌。

思亲主题两首,均选自《诗经》:《诗经·邶风·凯风》先分别写了凯风、棘树、寒泉、黄鸟这些夏日景物,再写儿子感念母亲不辞辛劳的养育之恩;《诗经·周南·卷耳》写女子在采集卷耳时想起远行在外的丈夫旅途的辛劳。

爱国主题五首:《春望》用战乱中长安的破败凄惨之景表达诗人挂念亲人、心系国事之情;《蜀相》借游览古迹、缅怀诸葛亮,抒发诗人报国无门的悲愤;《破阵子·为陈同甫赋壮词以寄之》通过回忆自己早年抗金的沙场生涯,抒发杀敌报国的思想;《扬州慢·淮左名都》以扬州城往昔繁华和今日凄清作对比,控诉战争带来的恶果,感叹当权者的无能,流露惋惜故土之情;《菩萨蛮·书江西造口壁》由登台看景引发历史回忆,书写亡国之悲、救国无望之痛。

六年级学生的理解力有所提高,是提升诗词鉴赏能力的好时机。有了前几年学习的积淀,教师要把宏观学习的理念渗透入学生的日常学习中。诗词作者的身世、性格、经历及历史的发展都体现在这些创作中,读诗词,亦是读人、读史,诗词作者在作品中用的典故不仅仅是故事,还是表达情感、推动情节不可或缺的一部分,提升了作品的层次。诗词,要回味、要比较,管中窥豹,由此及彼,才能领略其中的深刻隽永。

安排教学时,教师可从20首古诗词中挑选10首,安排5个课时完成,每课时学习两首,一首精讲,一首诵读或略讲。剩下的10首放在每天10分钟的诵读时间略讲并指导吟背。20首古诗词全部要求背诵。

精讲和略讲的诗词可以放在同一节课比较着学,时间分配上可以自主调配。例如,《山中问答》和《渔翁》都是表达寄情山水间的惬意,但李白和柳宗元的经历不同,前者是借隐居之名求好名声以方便日后入仕,后者是遭受打击后故作洒脱。还有《月夜》和《虞美人·春花秋月何时了》,都是描写经历家国之痛后的悲伤,但由于作者身份不同,所表达的思想情感就不同。

157

古诗词教学案例

一、教学内容：《扬州慢·淮左名都》

二、教材解读

（一）诗词简介

姜夔在这首词里用了小序，明确地交代了这首词的写作时间、地点、原因、内容和主旨，可以让人更好、更深入地了解词人写作此词时的心理情怀。

用今昔对比的反衬手法来写景抒情，是这首词的特色之一。全词分为上、下两阕。两阕的写作手法都是运用一种鲜明对比，用昔日扬州城的繁荣兴盛景象对比现时扬州城的凋残破败惨状，写出了战争带给扬州城万劫不复的灾难。

情景交融是这首词在写作表现手法上最显著的一个特点。移情入景，以乐景写哀。特别是以乐景写哀，词人在词中写了大量的乐景：名都、佳处、二十四桥……可是，写乐景是为了衬托哀情，是为了对比"现在"的惨状：名都的凋残，佳处的弊坏，二十四桥的冷寂……正如王夫之所说："以乐景写哀，以哀景写乐，一倍增其哀乐。"

纵观全词，行文的基调都笼罩在一种悲凉凄怆的氛围中。无论是词人所见到的"荠麦青青""废池乔木"，在黄昏时听到的"号角"和看到的"空城"，还是词人自身所想到的杜牧"难赋深情"和不知亡国恨的"桥边红药"，都是一种悲剧的写照。

（二）诗词大意

淳熙丙申至日，我路过扬州。夜雪初停，荠麦长得无边无际。进城之后，我见到处一片萧条，寒水绿绿的，暮色渐渐笼来，戍楼中传来了黄昏的号角。我的心情受到此时此景的影响，悲怆感伤，生出无限的感慨，自创这首词曲。千岩老人认为有《黍离》之悲。

扬州是淮左著名的都会，这里有风景秀丽的竹西亭。我在此解鞍下马作短暂停留。经过从前"春风十里"的扬州街道，如今那里长满野荠麦。自从金兵南侵退去，就连这废弃的城池和老树，仿佛都厌倦了战争。渐渐到了黄昏，凄清的号角吹响，这时这里仿佛是一座无人的空城。

曾在这里观赏的杜牧，假如今天旧地重游，也会惊讶它的变化。纵然那豆蔻词写得再美，青楼梦再好，恐怕也难以表达此刻的心情。二十四桥还在，波心中荡漾着冷月的光影，无声无息。可叹桥边那一年一度的芍药，年年是为谁开得花儿一片红？

三、教学目标

1. 熟读并背诵《扬州慢·淮左名都》。

2. 理解本词主旨《黍离》之悲，体会作者蕴涵在作品中的抚今追昔的哀思。

3. 初步体会《扬州慢·淮左名都》与《菩萨蛮·书江西造口壁》的异同之处。

四、教学过程

（一）温故篇

以小组轮背、男女对背、全班齐诵等方式复习背诵《满江红·怒发冲冠》《永遇乐·京口北固亭怀古》。

（二）知新篇

1. 谈话导入。

（1）这两首词的作者分别是谁？（岳飞、辛弃疾）让学生说说这两位作者的生平。

（2）教师总结："他们都生活在南宋抗金时期。"随后教师简介金兵灭亡北宋后南侵的历史，并说："今天我们就来学习同一时期另一位词人姜夔的代表作《扬州慢·淮左名都》。"

2. 诵读诗词。

（1）学生自读。教师提醒学生本词的感情基调："小序中有一句话告诉了我们此词的感情基调，你们找到这一句了吗？"（"千岩老人以为有黍离之悲也。"）

（2）指导停顿。词的节拍不像诗那样整齐划一，诵读时要注意音节的停顿。如"年年知/为谁生"等。

（3）读"一字逗"。"一字逗"是指词里的特殊句式，开头用一个字领起，稍作停顿，其意直贯本句及下句，要读出提示语气。例如，"过春风十里"的"过"；"尽荠麦青青"的"尽"；"自胡马窥江去后"的"自"；"纵豆蔻词工"的"纵"；"念桥边红药"的"念"。读这些句子的第一个字时要慢一点，稍拖长音，如"过～春风十里""念～桥边红药"。

（4）指名朗读（语速要缓慢、绵长，语调要低沉、悲切）。

（5）听录音跟读。

3. 理解词意。

（1）学生自学，同桌互说。

（2）按照"小序""上阕""下阕"的顺序，指名让学生说词意，教师适时补充提醒。

（3）让学生说说"二十四桥"在哪位诗人的哪首诗中也出现过。（本册所学杜牧《寄扬州韩绰判官》）

（4）配以图画，介绍"胡马窥江"的典故。（见教学资源）

4. 感悟词情。

（1）教师问："本词有一个明显的修辞手法——对比，用扬州城昔日的繁华和今日的凄清作对比，造成这种变化的是谁？"（金兵）

（2）教师问："你们体会到作者什么样的感情？"（厌恶战争，叹息美好的家园被

摧毁）教师解释这就是"黍离之悲"，并介绍"黍离之悲"的典故。（见教学资源）

（三）致用篇

1. 介绍另一首词：就在姜夔写这首词的同一年，另一个伟大的词人辛弃疾也写了同一题材的一首词——《菩萨蛮·书江西造口壁》。

2. 让学生先自己诵读一遍，再和同桌交流想法。

3. 要求背诵这两首词。

（四）布置作业

1. 背诵《扬州慢·淮左名都》给父母听，再向父母口述词意。（必做题）

2. 和父母一起熟读成诵《菩萨蛮·书江西造口壁》。（必做题）

3. 找找与历史相关联的诗词。

五、教学资源

（一）"黍离之悲"的典故

两千多年前的一个夏天，周大夫行役路过镐京，看到埋没在荒草中的旧时宗庙遗址，有感于周室被颠覆，悲伤而作《黍离》。这首诗描述了当一个人看到心中的理想大厦坍塌埋没于苗草中时的难受心情，两千多年来不断被传唱着，以至于人们把发自心底的这种悲哀称作"黍离之悲"，有时又特指亡国之悲。

《黍离》全文：

彼黍离离，彼稷之苗。行迈靡靡，中心摇摇。知我者，谓我心忧，不知我者，谓我何求。悠悠苍天，此何人哉？

彼黍离离，彼稷之穗。行迈靡靡，中心如醉。知我者，谓我心忧，不知我者，谓我何求。悠悠苍天，此何人哉？

彼黍离离，彼稷之实。行迈靡靡，中心如噎。知我者，谓我心忧，不知我者，谓我何求。悠悠苍天，此何人哉？

（选自王秀梅译注：《诗经》，中华书局 2015 年版）

（二）"胡马窥江"的典故

南宋建炎三年（1129）和绍兴三十一年（1161），金兵两次入侵扬州，使扬州壁断垣残，草木森森，变成了一座芜城，让扬州人民饱尝"黍离之悲"，在民族心理上烙下了重重的阴影，挥之不去。

靖康之变后，康王赵构于应天府（今河南商丘）登基，改元建炎，重建宋王朝，是为南宋。他设御营使司，以"总齐行在军中之政"，统一指挥各路军马，精简机构，裁撤冗员，惩治叛徒，一度让人看到了光复的希望。但后来，他罢免了任职仅75 天的宰相李纲，启用投降派黄潜善、汪伯彦，放弃了黄河一带的防线，步步南撤，狂奔至江淮一带，抗金形势急转直下。

建炎元年（1127）冬，金军大举南下，占领了华北和山东大部，妄图毕其功于

一

一役，活捉赵构，摧毁南宋朝廷。赵构放弃了还都汴京的念头，于建炎元年（1127）十月南迁至扬州。金兵的追击一刻也没有放松。建炎三年（1129）正月，粘罕率兵攻占徐州，同时又派五千轻骑突袭扬州，企图借此活捉赵构。不久，金兵逼近扬州。二月三日，赵构仓皇出逃，身边仅带几名侍卫。群龙无首，城中大乱，被赵构抛弃的军民纷纷出逃至长江边，慌乱拥挤中，死者有数万之多。金兵进城，烧杀抢掠，百姓血流成河，横尸遍野。北撤前，金兵又纵火焚城，百姓劫后余生者仅几千人，扬州又一次毁于蛮夷之手——这就是姜夔所说的"胡马窥江"，发生在姜夔出生之前。

绍兴三十一年（1161）九月，金主完颜亮亲自率兵南侵，这一次，金兵的进击依然顺利。虽有名将刘锜指挥，宋军还是节节败退，军民们被迫撤出扬州，扬州又一次毁于战火——这也是姜夔所说的"胡马窥江"，发生于姜夔出生之后。

（根据"百度知道"整理）

（三）诗中的历史

石壕吏

（唐）杜甫

暮投石壕村，有吏夜捉人。
老翁逾墙走，老妇出门看。
吏呼一何怒！妇啼一何苦。
听妇前致词，三男邺城戍。
一男附书至，二男新战死。
存者且偷生，死者长已矣！
室中更无人，惟有乳下孙。
有孙母未去，出入无完裙。
老妪力虽衰，请从吏夜归。
急应河阳役，犹得备晨炊。
夜久语声绝，如闻泣幽咽。
天明登前途，独与老翁别。

赤壁

（唐）杜牧

折戟沉沙铁未销，自将磨洗认前朝。
东风不与周郎便，铜雀春深锁二乔。

第三部分　儒道经典

本册儒道经典的学习内容为《道德经》。

《道德经》又称《老子》，共八十一章，分上、下两篇，前三十七章为《道经》，后四十四章为《德经》。全文以韵文写成，共五千多字。文本以哲学意义之"道德"为纲宗，论述修身、治国、用兵、养生之道，多以政治为旨归，乃所谓"内圣外王"之学，文意深奥，包涵广博，是我国历史上首部完整的哲学著作，是道家哲学思想的重要来源，对传统哲学、科学、政治、宗教等产生了深刻影响，被誉为"万经之王"。

《道德经》作者为老子（也称"老聃"），楚国苦县厉乡曲仁里（一说安徽涡阳，一说河南鹿邑）人，生于春秋战国时期，是我国古代伟大的哲学家和思想家之一，道家创始人。他静思好学，知识渊博。春秋战国时期，周朝势微，各诸侯为了争夺霸主地位，引发战争不断。严酷的动乱与变迁，让老子目睹到民间疾苦，作为周朝的守藏史，他以自己的生活体验、王朝兴衰成败、百姓安危祸福为鉴，溯其源，提出了治国安民的一系列主张。

"道法自然"是《道德经》中老子思想的精华。哲学上，"道"是天地万物之始之母，阴阳对立与统一是万物的本质体现，物极必反是万物演化的规律。伦理上，老子之道主张纯朴、无私、清静、谦让、贵柔、守弱、淡泊等因循自然的德行。政治上，老子主张对内无为而治，不生事扰民，对外和平共处，反对战争与暴力。这三个层面构成了《道德经》的主题，同时也使得《道德经》在结构上层层递进，由自然之道进入伦理之德，最终归于对理想政治的设想与治理之道，也就是从自然秩序中找出通向理想社会秩序的光明正道。

《少儿国学读本》选择《道德经》作为六年级学生诵读的经典名篇，目的在于让学生初步感知老子思想的核心与价值，播下东方哲学的一点种子，以期学生在成长路上慢慢学会辩证地看问题，认识自己，认识人生，认识社会，懂得要遵循规律办事。教学中要坚持以诵读积累为主，理解运用为辅，可以挑选集中体现老子思想的章节（第一至十三章、七十八章、八十一章）进行重点指导。感悟内涵时可以挑选一些关键词句进行理解，也可以就一些问题进行辩论（比如，为什么说"以其终不自为大，故能成其大"），让学生在思考和争辩中获得更多体会，还可以通过博引历史典故和哲理诗文，链接一个个生动直观的自然现象（比如，用"滴水穿石"的自然现象来理解"天下莫柔弱于水，而攻坚强者莫之能胜"）、生活场景、人物故事（比如，用塞翁失马的故事来理解"祸福相依"），化抽象的哲学为学生可以感悟的道理。《道德经》中有五十多个成语（如天长地久、上善若水、宠辱若惊、虚怀若谷、道法自然、自知之明及千里之行，始于足下等），教学时可以好好利用，以引发学生的学习兴趣。尽管《道德经》看起来很深奥，但它的思想内涵丰富，教学时若能注意引导学生与自然现象、生活经验、世情事理等联系起来，学生一定能够从知识结构、思维方式、行为规范、道德品质等方面获益良多。

建议用 16 课时完成本册《道德经》的教学。

《道德经》 教学案例 （一）

一、教学内容：《道德经》第六十六章

二、教材解读

（一）章句解读

本章讲的是"不争"的政治哲学，开头用江海作比喻，这和第三十二章"譬道之在天下，犹川谷之于江海"的意思相同。老子喜欢用江海来比喻人的处下居后，同时也以江海象征人的包容大度。老子通过大国与小国的关系，讲了"大者宜为下"的道理，还讲了"圣人"也要"为下"。统治者的"处下"和"居后"最核心的一点就是不与百姓"争利"，这样才是对百姓宽厚、包容，就好像居于下游的江海可以包容百川之水那样。老子为国家和百姓的利益而呐喊，也是在为统治者献计献策。这种立场和观点提倡统治者要做好长远打算，考虑百姓的福祉，与孔孟和儒家所讲的"君末民本"思想或多或少有些相似或相近的地方。

而"无为"中的"不争"其实只是不去争夺功名利禄等世人都想要的东西，不去逃避那些人人厌恶的挫折磨难，"不争"是为了"利万物"——也包括利自己，而不是彻底地放任自己，无所作为。

"以其不争，故天下莫能与之争。"这是对"不争之德"最精准的描述。通过"不争"而到达天下没有任何力量可以和他"争"的境界。你"不争"，所以没有人会来和你"争"；你不在世俗利益上"争"，就会获得超越世俗的力量；你不向外去"争"，就会获得在内的完美的心灵修养。"不争"是最符合"道"的"德"。

（二）字句梳理

1. 江海之所以能为百谷王者，以其善下之，故能为百谷王。

百谷王：百川所归往。

释义：江海之所以能够成为许多河流奔汇的地方，是因为它善于处在低下的位置，所以能够成为许多河流奔汇的地方。

2. 是以圣人欲上民，必以言下之；欲先民，必以身后之。

是以：所以。上民：居于百姓之上。言下之：用言辞表示谦虚卑下。先民：居于百姓之前。

释义：所以有道的人要成为人民的领导，必须用言辞对他们表示谦下；要做人民的表率，必须把自己的利益放在他们的利益后面。

3. 是以圣人处上而民不重，处前而民不害。是以天下乐推而不厌。

重：累，不堪重负。乐推：乐意推选拥戴。

释义：所以有道的人居于人民之上而人民不感到负累，居于人民前面而人民不感到受害。所以天下人民乐意拥戴他而不厌弃他。

4. 以其不争，故天下莫能与之争。

释义：因为他不跟人争，所以普天下没有人能和他相争。

三、教学目标

1. 能够正确、流利地朗读课文并背诵全文。

2. 能够借助注释了解章句的含义，重点理解"是以圣人欲上民，必以言下之；欲先民，必以身后之""以其不争，故天下莫能与之争"。

3. 结合明君事例理解圣人受拥戴是因为不与民争利。

4. 结合当下社会现状，能够为"国泰民安"提出自己的建议。

四、教学过程

（一）温故篇

1. 回顾《道德经》中出现的成语"上善若水"，背诵第八章。

上善若水。水善利万物而不争，处众人之所恶，故几于道。居善地，心善渊，与善仁，言善信，政善治，事善能，动善时。夫唯不争，故无尤。

2. 男女生挑战背诵《道德经》中已学的与"圣人"相关的句子。

（1）是以圣人处无为之事，行不言之教，万物作而不为始，生而不有，为而不恃，成而弗居。夫唯弗居，是以不去。（第二章）

（2）天地不仁，以万物为刍狗；圣人不仁，以百姓为刍狗。天地之间，其犹橐籥乎！虚而不屈，动而愈出。多言数穷，不如守中。（第五章）

（3）天长地久。天地所以能长且久者，以其不自生，故能长生。是以圣人后其身而身先；外其身而身存。非以其无私邪？故能成其私。（第七章）

3. 再次明确"圣人"的概念。

圣人指有道德修养、有智慧、有能力、有才干的德才兼备的人，是老子理想中的统治者、君王。

（二）知新篇

1. 熟读章句。

（1）教师范读，学生自由练读。

（2）同桌互读，指正字音，读顺文章。

（3）教师指导停顿，画节奏线，学生字正腔圆地练读文章。

江海/之所以/能为/百谷王/者，以其善/下之，故/能为/百谷王。

是以/圣人/欲/上民，必以言/下之；欲/先民，必以身/后之。是以/圣人/处上/而民不重，处前/而民不害。是以/天下/乐推/而不厌。以其不争，故/天下/莫能/与之争。

（4）指名展示读，生生互评，教师引导学生声断气连读出韵味。

（5）全班齐读，读出节奏和韵味。

2．领悟文意。

（1）联系原文，自读译文，理解文意。

（2）学生汇报，说说自己对句子的理解。

（3）思考：江海为何能成为百川之王？可用原文或自己的话来表达。

小结：善居下游，海纳百川，有容乃大。

（4）思考："圣人"为什么能"居于民上""处于民前"而不会受人厌弃，反而受人爱戴？

小结：谦虚卑下、宽容待人、先人后己。

3．评说人物。

这样的"圣人"在历史上和当今社会中出现过吗？谁能说一说他们的故事？

示例（见教学资源）：

在涂山大会上，大禹让诸侯指出自己的骄傲矜伐之处，其谦虚卑下的做法获得了诸侯的认同。

鲁国国相公仪修不与民争利，拔葵去织，践行"使食禄者不得与下民争利"的吏治理念，使鲁国风清气正。

（三）致用篇

过渡：《道德经》里许多篇章都认为，只要"圣人"具备很高的道德修养，奉行无为而治、顺其自然的做法，就可以国泰民安。

1．以史为鉴。

（1）提出问题：一个国家是不是只要圣贤的君主依靠高尚品德和个人力量就一定能千秋万代？如果这个国家运气不好，出了一些昏君、贪官，是不是就得眼睁睁看着国家衰败？是否只能把希望寄托在个人身上？按现代观点看，有什么办法能更有效地治理好一个国家呢？

（2）学生讨论，发表看法。

示例：

崇祯是一个一心励精图治、对政事殚精竭虑的明君。但是明朝后期吏治已坏，国家已是千疮百孔、积重难返，再加上天时不利，异族崛起，他虽然支持张居正的强势改革，却也无法挽狂澜于既倒，扶大厦之将倾，最后只能自缢于煤山。

中国历代朝代更替，都有明君与昏君、能臣与庸臣、清官与贪官，但是历史告诉我们：民为贵、君为轻，水能载舟亦能覆舟，治理天下必须以百姓利益为先，天下才能长治久安。

小结：关键是要有包括立法、执法、守法三个方面完善的社会法治。我们国家当前大力提倡的社会主义核心价值观里就有法治，现在政府也在大力推行法制建设、依法治国，只有建立完备的社会主义法律体系，加强制度建设和执法监督，做到"有法可依，有法必依，执法必严，违法必究"，才是治理好国家、使百姓安居乐业的最好途径。

2．交流收获。

提出问题：学完本章以后，你收获了什么？

小结：

（1）做人应谦虚有礼，宽以待人，凡事多考虑别人，先人后己。

（2）"尽信书不如无书"，不迷信权威，对事物要有自己的思考与判断，敢于质疑，勇于探索。

（3）治理好一个国家，除了需要治国者自身具备极高的道德修养和能力才干以外，更需要的是完善的法治。

3．积累背诵。

（1）全班齐读。

（2）自由背诵。

（3）尝试镂空背诵。

（4）个人展示背诵，全班齐背。

4．板书设计。

水——江海——百川之王

人——君子——圣贤君主

五、教学资源

（一）涂山大会

夏朝建立后，大禹便筹备在涂山召开诸侯大会，以检讨自己的过失。这次涂山之会一般被认为是中国夏王朝建立的标志性事件。到了大会正式召开的日子，大禹穿了法服，手执玄圭，站在台上，四方诸侯按其国土的方向两面分列，齐向大禹稽首为礼，大禹亦稽首答礼。礼毕之后，大禹大声向诸侯说："我德薄能鲜，不足以服众，召集大家开这个大会，为的是希望大家明白，恳切的责备、规诫、劝喻能使我知过并改过。我胼手胝足，平治水土，虽略有微劳，但生平最兢兢自戒的是个'骄'字。先帝亦常以此来告诫我：'汝惟不矜，天下莫与汝争能；汝惟不伐，天下莫与汝争功。'如果我有骄傲矜伐之处，请大家当面告知，否则就是教我不仁啊！对大家的教诲，我将洗耳恭听。"大家都明白大禹受命于天，原本对大禹有意见的诸侯看到大禹这种态度，也都表示敬重佩服，消除了原先的疑虑。史书记载"禹会诸侯于涂山，执玉帛者万国"。

（摘录自"百度知道"）

（二）拔葵去织

鲁国国相公仪休言："使食禄者不得与下民争利，受大者不得取小。"要求为官者不许和百姓争夺利益，领了国家俸禄就不许再占小便宜。公仪休吃了自家种的冬葵感觉味美，就把园中的冬葵都拔掉扔了；看见自家织的布好，就立刻把妻子逐回娘家，还烧毁了织机。他说："难道要让菜农和织妇无处卖掉他们的产品吗？"公仪休虽然做得过分，但他明辨"小"与"大"，是在不折不扣地践行"使食禄者不得与下民争利"的吏治理念。在其影响下，鲁国官员们形成了"不能以官职之便谋私利"的共识，个个严格要求自己，难能可贵地做到了"百官自正"，一时在鲁国营造出清廉高效的官场氛围。

（选自刘凌林：《做官不与民争利》，《今晚报》，2016 年 12 月 22 日）

（三）李世民纳谏

魏征是唐朝著名的谏诤之臣。一次，唐太宗怒气冲冲地回到后宫对皇后长孙氏说："总有一天，我要杀掉这个乡巴佬。"皇后忙问："杀谁？"太宗说，魏征常常在朝堂上当众刁难他，让他下不了台。皇后听了，连忙向太宗道喜说，魏征之所以敢当面直言，是因为陛下乃贤明之君啊！明君有贤臣，欢喜还来不及，怎能妄开杀戒呢？太宗恍然大悟，此后更加励精政道，虚心纳谏，对魏征倍加敬重。魏征也进谏如故，思竭其用，知无不言，从不畏龙颜之怒。由是，君臣合璧，相得益彰，开创了大唐"贞观之治"的辉煌盛世。

魏征死后，太宗如丧考妣，恸哭长叹，说出了那句千古名言："夫以铜为镜，可以正衣冠；以史为镜，可以知兴替；以人为镜，可以明得失……今魏征殂逝，遂亡一镜矣！"他还令公卿大臣们把魏征遗表中的一段话写在朝笏上，作为座右铭，以魏征为榜样，做到知而即谏。君临天下的皇帝，对一个老臣竟倚重倾心如此，这在历史上并不多见。

（摘录自"360 问答"）

《道德经》 教学案例 （二）

一、教学内容：《道德经》第八十一章

二、教材解读

（一）章句解读

本章是《道德经》的最后一章，是全篇的总结段，采用了与第九、十章等相类似的格言警句形式，前三句讲人生的主旨，后两句讲治世的要义，提出了美与信、善与辩、知与博等哲学范畴，涉及真假、善恶、美丑等既对立又统一的一系列哲学命题，说明一切事物的表象与实质各具阴阳，各呈其势，表里不一。信实之言多朴直，故"不美"；甘美之言多华饰，故"不信"。德善之人明真理，故"不辩"；善辩之徒乱实情，故"不善"。明道之人忘言绝学，故"不博"；博学之士贪嚼多，故"不知"。同时又以人道推理天道，将"不积"之理，以及无与有、多与少等相反相成的辩证之理，从显隐两端，剖析得入理入微。

本章的格言可以作为人类行为的最高准则，如信实、讷言、专精，勉励人要"利民而不争"。学生通过学习，可了解其中朴素的辩证法思想，体悟并践行老子倡导的道德标准。

（二）字句梳理

1. 信言不美，美言不信。善者不辩，辩者不善。知者不博，博者不知。

信言：真话，由衷之言。美言：华美之言，巧言。善者：行为善良的人。辩：巧辩，能说会道。博：广博，渊博。

释义：真实的言辞不华美，华美的言辞不真实。行为良善的人不巧辩，巧辩的人不良善。真正深入了解的人不广博，广博的人不能深入了解。

2. 圣人不积，既以为人，己愈有，既以与人，己愈多。

不积：不自私，没有占有的欲望。既：已经。有：充实、拥有。多：与"少"相对，富有。

释义：有道的人不私自占有，他尽量帮助别人，自己反而更充实，他尽量给予别人，自己反而更富有。

3. 天之道，利而不害。人之道，为而不争。

天之道：自然的规律。人之道：有道之人的法则。为：顺着自然的情状去努力。

释义：自然的规律是，有利于万物而不伤害。有道之人的行事准则是，做什么都不跟别人争夺。

三、教学目标

1. 能够正确、流利地朗读并背诵文段。

2. 能够借助注释了解每句话的大意，理解"既以为人，己愈有，既以与人，己愈多""人之道，为而不争"的内涵。

3. 初步了解老子"不争""无为""不积"的辩证法思想，在生活中尝试用"不争""无为"的思想看问题。

四、教学过程

（一）温故篇

1. 回忆背诵第三章。

2. 让学生找出关键词"不争""无为"，谈自己的理解。

不争：不追名逐利，不争强好胜。

无为：顺其自然而不加以人为，不违反规律而为，不妄为，无私而为，无功利而为。

（二）知新篇

1. 诵读文本。

（1）教师范读，学生静听，识辨字音。

（2）学生自读，读准文本。

（3）课件出示：多音字"知者不博"中的"知"，"既以为人"与"为而不争"中"为"的不同读法。

知（zhì）者不博　既以为（wèi）人　为（wéi）而不争

（4）划分节奏，指导停顿，再次练读。

信言/不美，美言/不信。善者/不辩，辩者/不善。知者/不博，博者/不知。

圣人不积，既以/为人，己/愈有，既以/与人，己/愈多。

天/之道，利/而不害；人/之道，为/而不争。

2. 领悟文意。

（1）学生结合注释理解本章大意。

（2）小组交流对本章的理解。

（3）学生自由选择一句发表见解，提出疑问。

3. 话题辩论。

信言一定不美吗？辩者一定不善吗？博者一定不知吗？

（1）博引：出示相关名言和事例，引导学生在辩论中引用，以增强说服力。

①名言。

良药苦口利于病，忠言逆耳利于行。——俗语

君子欲讷于言而敏于行。——孔子

巧言令色，鲜矣仁。——孔子

狗不以善吠为良，人不以善言为贤。——庄子

狐狸知道所有的事情，刺猬只知道一件大事。——古希腊寓言

②事例。

美言不信：狐狸和乌鸦的故事。

信言不美：扁鹊与蔡桓公的故事。

辩者不善：尊卢沙的故事。（见教学资源）

（2）教师指导辩论：观点要简洁清晰，理由要与观点相符。

（3）学生自由辩论，提高思辨意识。

4. 难句解读。

师生用古今中外事例解读文段中"既以为人，己愈有，既以与人，己愈多""人之道，为而不争"等句子蕴涵的关于做人的行为准则与道德标准。

（1）教师示例引导：课件出示居里夫人做实验的照片。

提问：请说一说居里夫人的"为"和"不争"，你从中体会到了什么？

（2）学生旁征博引，解读文段所含哲理"不争"的内涵。

预设人物："两弹元勋"邓稼先（见教学资源）、"天眼之父"南仁东、"核潜艇之父"黄旭华。这些伟大的科学家干的是惊天动地的事，做的是隐姓埋名的人。他们的一生就是"为而不争"的一生。

预设典故：六尺巷的故事。（见教学资源）

（3）学生质疑，提出困惑或异议。

5. 拟定标题。

预设：为而不争、人之道。

6. 教师小结。

本章强调做人要追求信、善、知，不积、不争，希望这些成为你们的价值观。

（三）致用篇

1. 仿说格言。

请仿照"信言不美，美言不信"格式，创作格言"＿＿＿＿＿＿不＿＿＿＿＿，
＿＿＿＿＿不＿＿＿＿＿"。

学生汇报并说想法。

2. 背诵本章。

全班齐背，个人展示背。

3. 教师总结。

请同学们在生活中继续研读《道德经》，把"为而不争"作为自己的价值追求。

五、教学资源

（一）尊卢沙的故事

古时秦国有一个叫尊卢沙的人，好说大话，并且对自己深信不疑。秦国有人嘲笑尊卢沙，他说："不要嘲笑我，我将要向楚王陈说统治国家的方法。"于是，他飘飘然地向南方的楚国走去。

当尊卢沙到达楚国的边境，把守边关的官吏拘捕了他。尊卢沙说："当心！千万不要拘捕我，我是来当楚王的老师的。"于是边关守吏送他去见大夫。大夫把他安置在客栈里，对他说："先生不轻视我们偏远的国家，不以千里为远，来扶助壮大我们楚国。今有幸和您接触，因时间还不长，不敢倾吐自己的心里话。其他事不敢多问，只想听听您来做楚王老师的想法。"尊卢沙发怒说："这不是你所能知道的！"大夫打听不到尊卢沙的真实意图，只好把他送到上卿瑕那里。瑕以宾客之礼接待他，也像大夫那样问他。尊卢沙更加恼怒，做出想告别离去的样子。瑕怕得罪了楚王，急忙去禀告他。

楚王催促尊卢沙来见面，尊卢沙还没有到达，派去的使者就已经去请了三四趟。等到见了楚王，尊卢沙只是拱手而不跪拜，对楚王说："楚国东面有吴国和越国，西面有秦国，北面有齐国和晋国，这些国家都虎视眈眈地窥视着楚国。我最近路经晋国边境，听说晋国要约同其他诸侯国图谋进攻楚国。他们宰了白马，陈列着珠盘玉敦，嘴唇上涂着牲血，盟誓说：'不使楚国遭祸，誓不相见！'并把玉璧投入河中，以祭祀河神，将要渡河。楚王，你还能安枕而睡吗？"楚王站起来询问对策。尊卢沙指着天立誓说："如果让我尊卢沙为卿，楚国必能强盛，由太阳来作证！"楚王说："冒昧请问，应当先做哪一件事？"尊卢沙说："这是不可以空口白说的。"楚王说："对。"于是马上任命他为卿。

过了三个月，没有什么异常情况。不久，晋侯率领各国诸侯的军队到达，楚王非常恐惧，召尊卢沙商量退敌之计。尊卢沙瞪大了眼睛，说不出话来。楚王逼着他讲，他才说："晋国的军队锐勇无比，替你着想，最好的办法是割地，与晋国讲和。"楚王大怒，把尊卢沙关了三年，割掉他的鼻子后才放了他。

（故事来源于《宋学士文集》，译文参考古诗文网）

（二）《宣王好射》

（齐）宣王好射，说人之谓己能用强（弓）也。其实所用不过三石。以示左右，左右皆引试之，中关而止，皆曰："不下九石，非大王孰能用是？"宣王悦之。然则宣王用不过三石，而终身自以为九石。三石，实也；九石，名也。宣王悦其名而丧其实。

（参考陈高佣：《公孙龙子·邓析子·尹文子今解》，商务印书馆2017年版）

（三）大漠里的无名英雄邓稼先

邓稼先于1941年考入西南联合大学物理系，1947年通过赴美研究生考试，于翌年秋进入美国印第安纳州的普渡大学研究生院。由于他学习成绩突出，不足两年便读满学分，并通过博士论文答辩。此时他只有26岁，人称"娃娃博士"。

1950年8月，邓稼先在美国获得博士学位九天后，便谢绝了恩师和同校好友的挽留，毅然决定回国。同年10月，邓稼先来到中国科学院近代物理研究所任研究员。此后的八年间，他一直进行着中国原子核理论的研究。1954年，邓稼先加入了中国共产党。

1958年秋，二机部副部长钱三强找到邓稼先，说"国家要放一个'大炮仗'"，征询他是否愿意参加这项必须严格保密的工作。邓稼先义无反顾地同意了，回家对妻子只说自己要调动工作，不能再照顾家和孩子，通信也困难。从小受爱国思想熏陶的妻子明白，丈夫肯定是从事对国家有重大意义的工作，表示坚决支持。从此，邓稼先的名字便在刊物和对外联络中消失，他的身影只出现在严格警卫的深院和大漠戈壁。

邓稼先是我国知识分子的优秀代表，为了祖国的强盛，为了我国国防科研事业的发展，他甘当无名英雄，默默无闻地奋斗了数十年。他常常在关键时刻不顾个人安危，出现在最危险的岗位上，充分体现了他崇高无私的奉献精神。邓稼先凭借敏锐的眼光使我国的核武器发展快步推进了十年，终于赶在全面禁止核试验之前，达到了实验室模拟水平。1986年7月29日，邓稼先因病医治无效，永远离开了他为之奋斗、奉献了一辈子的中国核事业。他在我国核武器的研制方面作出了卓越的贡献，却鲜为人知，直到他死后，人们才知道了他的事迹。在生命的最后时刻，邓稼先对妻子说："假如生命终结后可以再生，那么，我仍选择中国，选择核事业。"

（参考许鹿希、邓志典、邓志平等：《邓稼先传》，中国青年出版社2015年版）

（四）六尺巷的故事

康熙年间，宰相张英在朝为官，其家人居住在桐城，府第与吴宅为邻。有一年，吴家建房子时占据张家的空地，张家不服，双方发生了纠纷，互不相让，于是告到了县衙。因为张、吴两家都是显贵望族，县官左右为难，迟迟不能判决。张英家人见有理难争，就写信告知张英此事，想让宰相给家中撑腰。张英看完家书后，并不赞成家人为争夺地界而惊动官府的行为，于是提笔在家书上批诗四句："千里来书只为墙，让他三尺又何妨？长城万里今犹在，不见当年秦始皇。"寥寥数语，寓意深长。张家接到书信后，深感愧疚，便毫不迟疑地让出了三尺地基。吴家见状，觉得张家有权有

势，却不仗势欺人，被其"宰相肚里能撑船"的大度所感动，于是也效仿张家向后退让了三尺地基，便形成了一条六尺宽的巷道，被乡里人称为"六尺巷"。

（参考桐城县地方志编纂委员会编：《桐城县志》，黄山书社 1995 年版）

（五）让—保罗·萨特拒绝领奖

让—保罗·萨特是法国当代著名的存在主义哲学家和作家。在数十年的时间里，他完成了卷帙浩繁的哲学著作、政治评论和文学作品的创作。其代表作有《存在与虚无》《恶心》《苍蝇》《自由之路》等。其中《恶心》获得了 1964 年的诺贝尔文学奖。当萨特从报纸上得知自己获得了诺贝尔文学奖后，他立刻给诺贝尔奖的评选机构——瑞典文学院写了一封拒绝信，信中表示"我不接受一切官方给予的荣誉"，因为他认为自己取得的成绩属于过去，只有"未来还在吸引着他"。

（根据"百度百科"整理）

第四部分　小古文

本册教材选编了五篇小古文。这五篇小古文的选编主要以杂文、散文、人物传记为主，分别是《师说（节选）》《出师表（节选）》《劝学（节选）》《五柳先生传》《岳阳楼记》。每篇小古文包含"原文—作者—注释—译文—图说"五个方面的内容。

《师说（节选）》的作者是唐代杰出的文学家、思想家、哲学家、政治家韩愈。本册节选的内容是"古之学者必有师……是故无贵无贱，无长无少，道之所存，师之所存也"。《师说》是我国教育史上第一篇专门论述教师的文章。中国是一个有着尊师重教传统的国家。古人曾用"天、地、君、亲、师"来表达对教师的尊重。没有教师，人类的文明之火就无法传递下去。韩愈看到了这一点，并对魏晋直至唐代社会上流行的以从师为耻的风气深为不满，他勇敢地站出来，指出教师具有"传道受业解惑"的重要作用。

《出师表（节选）》的作者是三国时期著名的政治家、军事家、散文家诸葛亮。本册节选的内容是"臣本布衣……此臣所以报先帝而忠陛下之职分也"。文章充分表达了作者北定中原、复兴汉室的决心，流露出作者的忠贞和真挚之情。该文为千古传诵、感人至深的名篇。

《劝学（节选）》选自《荀子》，是一篇议论文。荀子是战国末期赵国人，著名的思想家、文学家、政治家，儒家代表人物之一。本册节选的内容是"君子曰：学不可以已……蟹六跪而二螯，非蛇鳝之穴无可寄托者，用心躁也"。《劝学》这篇文章是关于努力和坚持的，主旨在于告诉大家应该努力学习，坚持不懈。

《五柳先生传》是东晋文学家陶渊明创作的自传文。在文中，作者假托五柳先生之名表明自己的兴趣、志向。文中的五柳先生生活贫穷，却不以之为耻；好读书、性嗜酒，写文章也只为自娱，刻画了一个安居田园生活的隐士形象。

《岳阳楼记》的作者是宋代著名的政治家、文学家范仲淹。文章描写了登楼望洞庭湖"霪雨霏霏"与"春和景明"两种景象及"感极而悲"与"喜洋洋"两种心情。作者用一暗一明、一悲一喜对比，情由景生，情景交融。行文优美简约，音节和谐，读起来朗朗上口。范仲淹还在《岳阳楼记》中表达了"不以物喜，不以己悲"的思想，并提出自己更高的抱负："先天下之忧而忧，后天下之乐而乐。"正是这样的思想境界，使《岳阳楼记》成为世世代代传诵的名篇。

　　建议五篇小古文共安排4个课时完成，教师可以按照教材后面《"国学雏鹰奖章"六级评价表》中的要求，让学生背诵《师说（节选）》《出师表（节选）》《劝学（节选）》《岳阳楼记》4篇小古文，自主选择其中三篇小古文精讲，各用1个课时。如学生对陶渊明感兴趣，也可以用1个课时精讲《五柳先生传》，或者当作略读课文简单提一下重点内容，指导背诵方法即可。可让有能力的学生尝试背诵全文，但不作强制要求。

小古文教学案例

一、教学内容：《五柳先生传》

二、教材解读

（一）课文简介

　　《五柳先生传》是东晋田园派创始人陶渊明的代表作之一，是他的自传散文。陶渊明托言为五柳先生写的传记，实为自传。他通过这篇描述五柳先生这一假想人物的文章以自况，从思想性格、爱好、生活状况等方面塑造了一位独立于世俗之外的隐士形象，向人们展示了他不求名利，甘于贫困，期望以诗、酒自乐的情怀。这是陶渊明的一篇名作，全文语言简洁传神，平淡而富含真意，朴实而又凝练，需要在多次朗读中理解文意，感受其美好的情操。

（二）字句梳理

　　1. 好读书，不求甚解；每有会意，便欣然忘食。

　　不求甚解：只求知道大概，不求彻底了解。这里指五柳先生读书只求对内容大致了解，不在一字一句的解释上过分探究。

　　2. 性嗜酒，家贫不能常得。

　　嗜：喜好。

　　3. 亲旧知其如此，或置酒而招之；造饮辄尽，期在必醉。

　　造：往，到。辄：就。造饮辄尽：去喝酒就喝个尽兴。

　　4. 既醉而退，曾不吝情去留。

　　曾不：竟不。吝情：舍不得。去留：离开。曾不吝情去留：这里体现五柳先生态度率真，来了就喝酒，喝完就走。

5. 环堵萧然，不蔽风日；短褐穿结，箪瓢屡空，晏如也。

堵：墙壁。环堵：周围都是土墙，形容居室简陋。萧然：空寂的样子。环堵萧然：简陋的居室里空空荡荡。短褐：粗布短衣。穿结：指衣服破烂。穿：破。结：缝补。短褐穿结：粗布短衣上打了很多补丁。箪：盛饭的圆形竹器。瓢：饮水用具。屡：经常。箪瓢屡空：形容贫困，难以吃饱。晏如：安然自若的样子。

这句话写出他虽居室破漏、衣食不足，却安然自得。这正是陶渊明安贫乐道的表现。

6. 赞曰：黔娄之妻有言："不戚戚于贫贱，不汲汲于富贵。"其言兹若人之俦乎？衔觞赋诗，以乐其志，无怀氏之民欤？葛天氏之民欤？

赞：传记结尾的评论性文字。黔娄：战国时期齐国稷下先生，有名的隐士和道学家，因无意仕进，屡次辞去诸侯聘请。黔娄死后，曾子前去吊丧，黔娄的妻子称赞黔娄："甘天下之淡味，安天下之卑位，不戚戚于贫贱，不汲汲于富贵。求仁而得仁，求义而得义。"无怀氏、葛天氏：都是传说中的上古帝王。据说在那个时代，人民生活安乐、恬淡自足，社会风气淳厚朴实。

这一段与前面写到的"不慕荣利"相照应，这是五柳先生最大的特点和优点，既表达了他对上古社会淳朴风尚的向往之情，又说明他是一位有着美好理想的隐士。

（三）课文大意

不知道五柳先生是什么地方的人，也不清楚他的姓字，因为住宅旁边有五棵柳树，就把这个作为号了。他安安静静，很少说话，也不羡慕荣华利禄。他喜欢读书，不在一字一句的解释上过分探究；每当对书中内容有所领会的时候，他就会高兴得连饭也忘了吃。他生性喜爱喝酒，因家里穷，经常没有酒喝。亲戚朋友知道他这种境况，有时摆了酒席就叫他去喝；他去喝酒就喝个尽兴，直到大醉方休。喝醉了就回家，从不为意去留。简陋的居室里空空荡荡，遮挡不住严寒和烈日；粗布短衣上打满了补丁，盛饭的篮子和饮水用的水瓢里经常是空的，可是他还是安然自得。他常常写文章来自娱自乐，稍微透露出自己的志趣。他从不把得失放在心上，以此过完自己的一生。

赞语说：黔娄的妻子曾经说过："不为贫贱而忧愁，不热衷于发财做官。"这话大概说的就是五柳先生这一类人吧？一边喝酒一边作诗，为自己抱定的志向而感到无比快乐。不知道他是无怀氏时代的人呢，还是葛天氏时代的人呢？

三、教学目标

1. 反复诵读课文，积累优美的文言词句，能背诵全文。

2. 理解每句话的意思，重点理解"闲静少言，不慕荣利""不戚戚于贫贱，不汲汲于富贵"，体会文章的深刻内涵。

3. 学习五柳先生好读书作诗，淡化物质生活，保持高雅精神追求的好品质。

四、教学过程

（一）温故篇

1. 回顾复习。

（1）齐背诵二年级学过的《陈涉世家（节选）》。（投影内容）

（2）指名背诵陶渊明的《饮酒·其五》。（投影内容）（见教学资源）

2. 谈话导入。

（1）我们复习的两个内容都与今天需要学习的新内容有关。我们学习了六册国学教材，一共接触了两篇描写人物的文章，一篇是在二年级学习的司马迁写的《陈涉世家（节选）》，另一篇则是今天要学的陶渊明的《五柳先生传》。（揭题，齐读课题：五柳先生传）

（2）提问：我们对陶渊明并不陌生，平时也接触过他的诗文。在你心中，陶渊明是一个怎样的人呢？（学生自由谈谈对陶渊明的认识）

（二）知新篇

1. 诵读文本，准确流畅。

（1）听教师范读，听读字音。

（2）字词学习。

嗜（shì）酒　　辄（zhé）尽　　吝（lìn）情　　短褐（hè）

箪（dān）瓢（piáo）　　汲汲（jí）　　俦（chóu）　　觞（shāng）

（3）教师带读全文，学生跟读。

（4）学生初步自读，要求既准确又流畅。

2. 多种形式，读出韵味。

（1）教师指导学生用多种形式诵读：个别读、分男女生读、小组比赛读。

（2）画出每个句子的停顿及节奏，再次练读。

先生/不知/何许人也，亦/不详/其姓字，宅边/有五柳树，因/以为/号焉。闲静/少言，不慕/荣利。好/读书，不求/甚解；每/有会意，便/欣然/忘食。性/嗜酒，家贫/不能/常得，亲旧/知其/如此，或/置酒/而招之；造饮/辄尽，期在/必醉。既/醉而退，曾不/吝情/去留。环堵/萧然，不蔽/风日；短褐/穿结，箪瓢/屡空，晏如也。常著/文章/自娱，颇示/己志。忘怀/得失，以此/自终。

赞曰：黔娄/之妻/有言："不戚戚/于贫贱，不汲汲/于富贵。"其言/兹/若人/之俦乎？衔觞/赋诗，以乐/其志，无怀氏/之民欤？葛天氏/之民欤？

（3）请学生展示读、挑战读；全班齐读。

3. 感受范读，了解文意。

（1）结合视频，了解文章大意。

（2）同桌结合注释说一说：五柳先生是一个怎样的人呢？你能通过朗读读出人物的性格吗？

（3）教师出示注释，学生说原文。

（4）学生反复诵读（至少三次）。

（三）致用篇

1. 学文知作者。

（1）提问：五柳先生是一个怎样的人呢？（学生自由回答，每回答到一点，教师投影相应的语句，或指名读，或齐读，或分男女生读，回顾文章语句，不需要逐字逐句详解，了解大意即可）

①好读书，不求甚解；每有会意，便欣然忘食。——好读书

②性嗜酒，家贫不能常得。亲旧知其如此，或置酒而招之；造饮辄尽，期在必醉。——喜欢喝酒

③环堵萧然，不蔽风日；短褐穿结，箪瓢屡空，晏如也。——家贫

④常著文章自娱，颇示己志。忘怀得失，以此自终。——隐士（写文以自娱，忘记得失）

⑤闲静少言，不慕荣利。（学生回答到此处，教师可以略作提点）

⑥不戚戚于贫贱，不汲汲于富贵。（学生回答到此处，教师可以略作提点）

（2）教师小结：陶渊明的——

性格——"闲静少言，不慕荣利。"

生活——"环堵萧然，不蔽风日；短褐穿结，箪瓢屡空，晏如也。"

爱好——"好读书，不求甚解。""性嗜酒……期在必醉。""常著文章自娱，颇示己志。"

形象——隐士。文章开头第一句"先生不知何许人也"，即把这位先生排除在名门望族之外，不仅不知他的出身和籍贯，"亦不详其姓字"，即他是一位隐姓埋名的人。晋代是很讲究门第的，而他竟与这种风气背道而驰，这就暗示他是一位隐士。推荐大家读一读他的另外一篇文章《桃花源记》。

2. 读文快速背。

（1）自由练读试背。

（2）检查背诵（采用镂空背诵、合作背诵等方式降低背诵难度）。

（四）布置作业

1. 背诵全文。

2. 课后读一读《桃花源记》和陶渊明的诗（见教学资源）。

五、教学资源

（一）陶渊明不为五斗米折腰的故事

陶渊明担任彭泽县令时，上级曾派一名官员到彭泽视察，有人深知此事马虎不得，劝陶渊明好生准备，不料陶渊明却说："我不能为五斗米俸禄卑躬屈膝，向乡里小儿弯腰行礼！"当即脱去官服，辞官回老家去了，从此不再做官。后世用"不为五斗米折腰"表示为人清高，有骨气，不为名利奔走逢迎。

（二）陶渊明《桃花源记》

晋太元中，武陵人捕鱼为业。缘溪行，忘路之远近。忽逢桃花林，夹岸数百步，中无杂树，芳草鲜美，落英缤纷，渔人甚异之。复前行，欲穷其林。

林尽水源，便得一山，山有小口，仿佛若有光。便舍船，从口入。初极狭，才通人。复行数十步，豁然开朗。土地平旷，屋舍俨然，有良田美池桑竹之属。阡陌交通，鸡犬相闻。其中往来种作，男女衣着，悉如外人。黄发垂髫，并怡然自乐。

见渔人，乃大惊，问所从来。具答之。便要还家，设酒杀鸡作食。村中闻有此人，咸来问讯。自云先世避秦时乱，率妻子邑人来此绝境，不复出焉，遂与外人间隔。问今是何世，乃不知有汉，无论魏晋。此人一一为具言所闻，皆叹惋。余人各复延至其家，皆出酒食。停数日，辞去。此中人语云："不足为外人道也。"

既出，得其船，便扶向路，处处志之。及郡下，诣太守，说如此。太守即遣人随其往，寻向所志，遂迷，不复得路。

南阳刘子骥，高尚士也，闻之，欣然规往。未果，寻病终。后遂无问津者。

（三）陶渊明所作古诗

饮酒·其五

结庐在人境，而无车马喧。
问君何能尔？心远地自偏。
采菊东篱下，悠然见南山。
山气日夕佳，飞鸟相与还。
此中有真意，欲辨已忘言。

归园田居·其一

少无适俗韵，性本爱丘山。
误落尘网中，一去三十年。
羁鸟恋旧林，池鱼思故渊。
开荒南野际，守拙归园田。
方宅十余亩，草屋八九间。
榆柳荫后檐，桃李罗堂前。
暧暧远人村，依依墟里烟。
狗吠深巷中，鸡鸣桑树颠。
户庭无尘杂，虚室有余闲。
久在樊笼里，复得返自然。

归园田居·其三

种豆南山下，草盛豆苗稀。
晨兴理荒秽，带月荷锄归。
道狭草木长，夕露沾我衣。
衣沾不足惜，但使愿无违。

六年级

177

第五部分　国学小天地

　　本年级书法和国画部分分别介绍了草书和水墨人物的画法。

　　书法：感受草书的线条之美，欣赏怀素《自叙帖》。

　　国画：学习水墨人物画的用笔勾线，通过勾勒粗细不同、刚柔并济、虚实相衬的线条来画水墨人物画。

书法教学案例

一、教学目标

1. 了解草书出现的原因。

2. 认识草书的艺术特点。

3. 培养热爱书法艺术的兴趣。

二、教学重点和难点

如何感受草书书法作品的线条美、结构美、气韵美。

三、学法指导

（一）草书的产生

　　草书的出现是基于提高书写速度。草书分为章草和今草，今草又分为大草（也称"狂草"）和小草。初期的草书，打破隶书的方整、规矩、严谨，称为"章草"。章草的用笔是沿着隶书笔法发展的，主要特征是仍旧在每字结束时采用波挑法，并且字与字之间不连属。后来，章草进一步草化，脱去隶书笔画痕迹，上下字之间笔势牵连相通，偏旁部首也作了简化和互借，称为"今草"。今草是章草去尽波挑后演变而来的。之后，今草写得更加放纵，笔势连绵环绕，字形奇变百出，称为"狂草"。

（二）草书的章法原则

1. 气势贯通。

2. 错综复杂。

3. 虚实相生。

（三）怀素《自叙帖》

　　《自叙帖》作者怀素，本姓钱，字藏真，僧名怀素。自幼出家为僧，经禅之余从事艺文，尤其爱好草书。《自叙帖》一文记述了怀素学习书法的经过，并描述了其深受京师名公颜真卿、戴叔伦等赞赏的场面和经过。作品用细笔劲毫写大字，笔画圆转遒逸，如曲折盘绕的钢索，收笔出锋，锐利如钩矾，可谓"铁画银钩"也。全文强调连绵草势，运笔上下翻转，忽左忽右，起伏摆荡，其中有疾有缓、有轻有重，像是节奏分明的音乐旋律，极富动感。

国画教学案例

一、教学目标

1. 了解中国水墨人物画的基本知识及其艺术表现特点。

2. 在欣赏、分析、感受的基础上，研究与尝试用中国水墨画的形式表现身边的人物，初步掌握水墨人物画的基本表现方法与步骤，生动体现人物特点。

3. 提高水墨表现能力，培养对水墨画的兴趣。

二、教学重点和难点

了解并初步掌握中国水墨人物画的特点与表现方法，初步掌握中国水墨人物画的造型及墨色关系的处理技巧。

三、学法指导

1. 引导学生欣赏宋代梁楷的《泼墨仙人图》，介绍作品的历史和作者，并让学生交流感受。例如，说一说画中人物的特征、神态等；作者通过哪些方法表现人物的个性特点；作品运用了哪些水墨画的表现技法。

2. 出示其他水墨人物画作品，分析范画中笔法和墨色变化的运用。例如，头发是干擦（湿染）；五官是勾线（墨点、墨块）；服饰是墨线（粗笔大墨块）。

3. 让学生大胆运用简洁的笔墨，学习采用用线勾描、线面结合，干擦和湿染结合、墨色结合等方法表现人物神情和动作。

4. 教师示范泼墨人像画法，讲解基本的表现技法和步骤，如勾勒造型、变换墨色及着色方法、五官描画步骤等。

5. 小练笔：让学生尝试画水墨人物画。

学年总结与评价建议
（关于"国学雏鹰奖章"）

"国学雏鹰奖章"评价表根据《少儿国学读本》每册学习内容而设计，评价目的

在于考查学生一学年的学习情况。评价目标和评价主体多元化，尊重学生的个体差异，全体学生都要达到基本要求，鼓励学有余力的学生对自己设定更高的目标。评价中设置了自己、家长、伙伴、老师四个评价员，只要能完成评价表的学习内容，达到学习目标，均可评为"合格"，从而获得"国学雏鹰奖章"。该评价表旨在让学生体验个人进步的乐趣和达成目标的成就感，进而促进学生自主学习，朝着下一个目标迈进。

"国学雏鹰奖章"六级评价表

序号	学习内容、目标	评价情况			
		自己评	家长评	伙伴评	老师评
1	熟练背诵本册20句名言，能在学习、生活中运用。				
2	熟练背诵本册20首古诗词，能说出诗词题、作者，并说说诗词的大意。				
3	熟读《道德经》全篇，背诵第一至十三章、第七十八章、第八十一章。				
4	熟读本册小古文5篇。背诵《师说（节选）》《出师表（节选）》《劝学（节选）》《岳阳楼记》全篇，《五柳先生传》背诵画线的名句。				
5	了解中国书法的特点；了解中国画的特点，学画中国画。				

评价说明：

1. 学习情况由四个人参与评价。

2. 能完成上表中的每项学习内容，即可获得"国学雏鹰奖章"。

"国学雏鹰奖章"六级达标评价确认表

_____年_____班学生_____在_____年_____月经评价考核，可获取一级"国学雏鹰奖章"。

评价员签名：自己_____　　　伙伴_____

家长_____　　　老师_____

大队部盖章

年　月　日

附　录

广州市天河区五山小学自 2001 年 12 月起全面启动国学课程的构建与实践研究，是全国第一所师生全员参与、系统学习国学经典的学校。历经 18 年的探索，在国内首创"浸习式"小学国学课程体系，率先提出"浸习式"国学课程理念——"泡菜论""存钱论"和"煲汤论"；从知识、能力、情意、行动四方面制定了涵养型国学课程目标；根据小学生的认知特点选编课程内容，研发了《少儿国学读本》丛书，突出国学课程内容的专题性、系统性和层次性；构建"三环七步"国学课堂教学模式，将显性的课堂教学创新与隐性的环境氛围建设相结合，将国学课和各学科有效渗透，相互补充，全方位实施国学课程；形成课程多元评价体系，促进学生持续有效地学习国学经典。研究成果在广东、广西、海南、四川等一批中小学推广应用，在省内外产生了广泛影响。

一、五山小学"浸习式"国学课程理念——"三论"

▲ "泡菜论"

重视创设国学经典学习的大氛围，包括校园文化、集体学习效应、多学科渗透、各活动融合等，让学生时时处处零距离接触国学经典，耳濡目染，提高学习成效。

▲ "存钱论"

关注学生每天一点一滴的积累，将点滴积累比作"存钱"，每天"存钱"，存到一定量时就可以"零存整取"，为将来的厚积薄发奠定基础。而且，每天学习，每天巩固，不易遗忘。

▲ "煲汤论"

学习经典犹如文火煲汤，不能急功近利，不能贪多求快，不能增加学习负担，而需慢慢阅读、记诵和感悟，让国学精髓入脑入心，并成为一生的源头活水。

二、五山小学国学教育五言诗

小小十分钟　成就大未来

诗词文歌赋，吟诵唱和表，
师生齐参与，集体效应牢。
渗透各活动，科科受熏陶，
渐进又恒久，积沙比塔高。
巧学十分钟，汲用精华妙，
国学开新花，全面素质好。

三、五山小学"三环七步"国学课堂教学模式

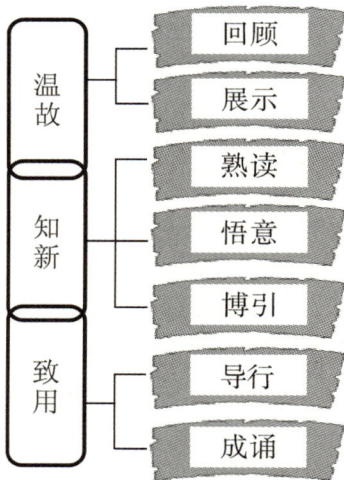

（一）第一环节——温故

在教授新的内容之前，教师用各种形式引导学生复习以前学过的内容，为学习新知做好铺垫，包括两个步骤：

1. 回顾：教师组织学生多形式回顾与本节课主题相关的古诗文。

2. 展示：学生通过各种方式展示已学知识。

（二）第二环节——知新

此环节是课堂的主体部分，教师带领学生读顺文本，并在此基础上了解文意，分三个步骤完成：

1. 熟读：采用以读为主的教学形式进行，是"七步曲"最重要的一步，包括读准字音、读得通顺、读出韵味三个层次。

2. 悟意：引导学生结合注释、小组讨论、插图、视频、典故等理解文意。

3. 博引：利用声、像资料等进行旁征博引，引导学生深入品味传统文化精髓。

（三）第三环节——致用

根据知行合一原则，或把经典承载的道理与生活实际联系起来，或体悟古诗文内涵的深刻、文字的优美，包括两个步骤：

1. 导行：视具体教学内容而定，有些侧重引导学生联系生活实际，将国学经典中的智慧哲理、道德准则、处事方法等内化为学生的个人修养，并践行；有些侧重引导学生体悟古诗文遣词用句的规律与技巧，进行仿写、创作。

2. 成诵：在课堂教学的最后环节让学生反复诵读，以达到熟读成诵。这一步是检验课堂教学目标是否达成的重要环节，它并非死记硬背，而是有效地培养语感，积累语言，以便学生日后需要引用时能够脱口而出，妙笔生花。

四、"三环七步"国学课堂教学模式的灵活变化

（一）变式一：针对名言的教学模式

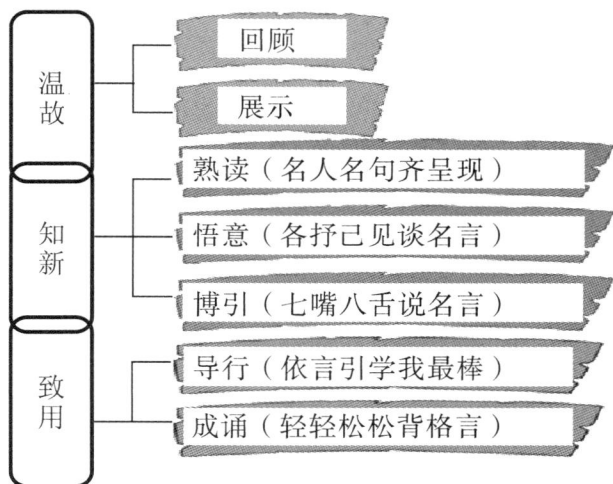

温故
- 回顾
- 展示

知新
- 熟读（名人名句齐呈现）
- 悟意（各抒己见谈名言）
- 博引（七嘴八舌说名言）

致用
- 导行（依言引学我最棒）
- 成诵（轻轻松松背格言）

（二）变式二：针对古诗词的教学模式

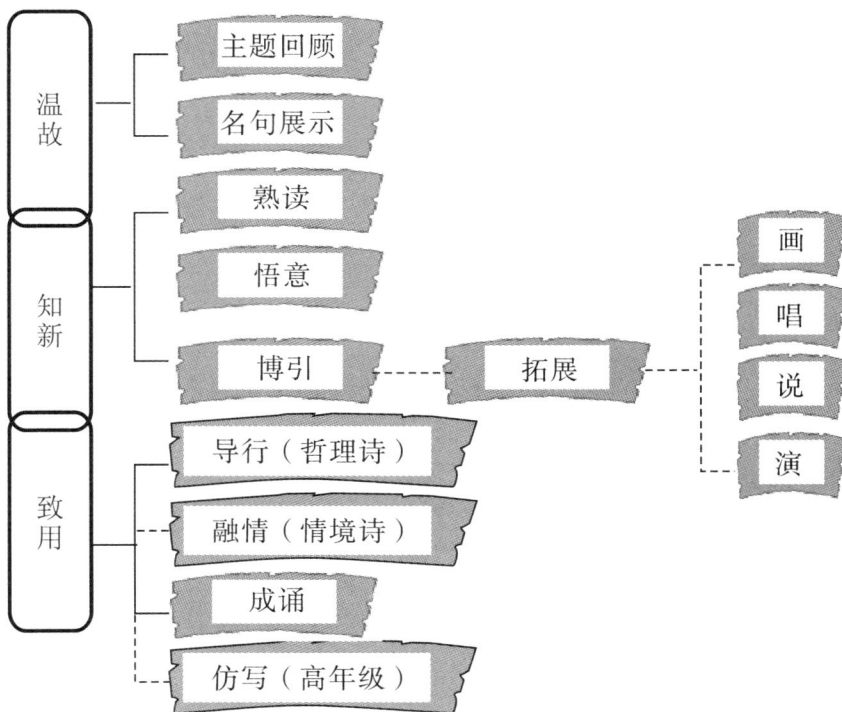

温故
- 主题回顾
- 名句展示

知新
- 熟读
- 悟意
- 博引 ---- 拓展 ---- 画 / 唱 / 说 / 演

致用
- 导行（哲理诗）
- 融情（情境诗）
- 成诵
- 仿写（高年级）

国学常识

一、中国古代文学史上的"第一"

《尚书》　是中国现存最早的一部历史文献总集，相传曾经由孔子编选。

《诗经》　是中国最早的一部诗歌总集，收入西周初期至春秋中期各地方民族及朝庙乐章共 305 首。

《左传》　是中国第一部叙事历史著作，在历史、文学和语言方面都有很高的成就。

《论语》　是中国第一部语录体的散文集，记录了孔子及其弟子的言行，由孔子的学生写成。这部儒家经典对中国文化产生了巨大的影响。"有朋自远方来，不亦乐乎？"（有朋友从远方来是值得高兴的），"己所不欲，勿施于人"（自己不愿做的事，不应该让别人去做），这是《论语》里记录的孔子的名言。

《史记》　是我国西汉著名历史学家司马迁撰写的一部史书，也是中国历史上第一部纪传体通史，被列为二十四史之首。原名《太史公记》。该书是中国古代最著名的古典典籍之一，记载了上自上古传说中的黄帝时代，下至汉武帝元狩元年间共 3 000 多年的历史。与后来的《汉书》《后汉书》《三国志》合称"前四史"。

二、诗人雅号

曹七步　三国魏诗人曹植，曾七步成诗：煮豆燃豆萁，豆在釜中泣。本是同根生，相煎何太急！

咏絮才　东晋女诗人谢道韫，以"未若柳絮因风起"比拟雪花而闻名。

七绝圣手　唐代诗人王昌龄，因善写七绝而得名。

茶仙　唐朝文人陆羽，著有《茶经》，外号也称"茶圣"。

穷瞎子　唐朝诗人张籍，因其家境贫困、眼疾严重，又任过太常寺太祝，故人称"穷瞎子"。

诗骨　陈子昂，其诗词激昂，风格高峻，大有"汉魏风骨"，被誉为"诗骨"。

诗杰　王勃，其诗流利婉畅，宏放浑厚，独具一格，人称"诗杰"。

诗狂　贺知章，秉性放达，自号"四明狂客"。因其诗豪迈狂放，人称"诗狂"。

诗家天子　王昌龄，其七绝写得"深情幽怨，意旨微茫"。

诗仙　李白，其诗歌想象丰富奇特，风格雄浑奔放，色彩绚丽，语言清新自然，被誉为"诗仙"。

诗圣　杜甫，其诗紧密结合时事，思想深厚，境界广阔。

诗囚　孟郊，作诗苦心孤诣，元好问曾称其为"诗囚"。

诗奴　贾岛，一生以作诗为命，好刻意苦吟。

诗豪　刘禹锡，其诗沉稳凝重，格调自然，格律粗切，白居易赠他"诗豪"的美誉。

五言长城　刘长卿，擅长五言诗。他的五言诗作占全部诗作的十之七八。

诗鬼　李贺的诗善于熔铸词采，驰骋想象，运用神话传说创造出璀璨多彩的鲜明形象。

杜紫薇　杜牧，曾写过《紫薇花》咏物抒情，借花自喻。

温八叉　温庭筠，才思敏捷，每次入试，八叉手即成八韵。

郑鹧鸪　郑谷，以《鹧鸪诗》而闻名，故有此称。

崔鸳鸯　崔珏，赋《鸳鸯诗》别具一格，人称"崔鸳鸯"。

谢蝴蝶　北宋诗人谢逸，因写有关蝴蝶的诗共300余首而闻名。

张三影　北宋词人张先，因其词中有"心中事、眼中泪、意中人"，且善用"影"字而得名，又外号"张三中"。

红杏尚书　北宋词人宋祁，因其词中有"红杏枝头春意闹"，又任过尚书一职而得名。

贺梅子　北宋词人贺铸，因其词中有"试问闲愁都几许，一川烟草，满城风絮，梅子黄时雨"而得名。

山抹微云秦学士　北宋词人秦观，因其词中有"山抹微云，天连衰草"而闻名。

赵倚楼　晚唐诗人赵嘏，因其诗中有"残星几点雁横塞，长笛一声人倚楼"而得名。

三、我国历史上的十圣

酒圣　杜康，即少康。传说为酒的发明者。

文圣　孔丘，字仲尼，春秋末期的思想家、教育家，儒家学说的创始人。

史圣　司马迁，字子长，是我国第一部纪传体通史《史记》的作者。

诗圣　杜甫，字子美，唐代现实主义诗人，著有《杜工部集》。

医圣　张仲景，东汉医学家，所著的《伤寒杂病论》和《金匮要略》对我国医学发展影响很大。

武圣　关羽，字云长，东汉末期蜀国大将，重义气、精武艺，后人称其为"关圣""关帝"。

书圣　王羲之，字逸少，东晋时期的书法家。

草圣　张旭，唐朝书法家，擅长草书，对旧隶的草体造诣很深。

画圣　吴道子，唐朝画家，擅长人物画，有"吴带当风"之美誉。

茶圣　陆羽，唐朝人，以嗜茶著名，著有《茶经》三卷。

四、文史典籍

四书　《大学》　《中庸》　《论语》　《孟子》

五经　《周易》　《尚书》　《诗经》　《礼记》　《春秋》

四史　《史记》　《汉书》　《后汉书》　《三国志》

四库　经　史　子　集

四大书院　白鹿洞书院　岳麓书院　嵩阳书院　应天书院

《诗经》六义　风　雅　颂　赋　比　兴

六艺　也称六经，即礼、乐、射、御、书、数

五、其他

大李杜　李白　杜甫

小李杜　李商隐　杜牧

三曹　曹操　曹丕　曹植

江南三大古楼　湖南岳阳楼　武昌黄鹤楼　南昌滕王阁

岁寒三友　松　竹　梅

中国三大国粹　京剧　中医　中国画

三言　《喻世明言》　《警世通言》　《醒世恒言》（冯梦龙）

儒家两大代表人物　孔子和孟子，分别被尊称为至圣和亚圣

宋词豪放、婉约两派　前者以苏轼、辛弃疾为代表，后者以柳永、周邦彦、李清照为代表

三皇五帝　三皇：伏羲　燧人　神农；五帝：黄帝　颛顼　帝喾　唐尧　虞舜

三教九流　三教：儒　道　释；九流：儒　道　阴阳　法　名　墨　纵横　杂　农

三山五岳　东海里的三座仙山：瀛洲　蓬莱　方丈；五岳：东岳泰山　南岳衡山　西岳华山　北岳恒山　中岳嵩山

三省六部　三省：中书省（决策）　门下省（审议）　尚书省（执行）；六部：吏　户　礼　兵　刑　工

三苏　苏洵　苏轼　苏辙

初唐四杰　王勃　杨炯　卢照邻　骆宾王

北宋文坛四大家　王安石　欧阳修　苏轼　黄庭坚

元曲四大家　关汉卿　马致远　白朴　郑光祖

明代江南四大才子　唐伯虎　祝枝山　文徵明　周文宾

北宋四大书法家　苏轼　黄庭坚　米芾　蔡襄

楷书四大家　颜真卿　柳公权　欧阳询　赵孟頫

书法四体　真（楷）　草　隶　篆

文房四宝　湖笔　徽墨　宣纸　端砚

唐宋散文八大家　韩愈　柳宗元　欧阳修　苏洵　苏轼　苏辙　王安石　曾巩

四时八节中的八节　立春　春分　立夏　夏至　立秋　秋分　立冬　冬至

八卦　乾、坤、震、巽、坎、离、艮、兑，分别象征天、地、雷、风、水、火、山、泽

八股文中的八股　破题　承题　起讲　入手　起股　中股　后股　束股

十天干　甲　乙　丙　丁　戊　己　庚　辛　壬　癸

十二地支　子　丑　寅　卯　辰　巳　午　未　申　酉　戌　亥

十二生肖　鼠　牛　虎　兔　龙　蛇　马　羊　猴　鸡　狗　猪

十二时辰　夜半　鸡鸣　平旦　日出　食时　隅中　日中　日昳　晡时　日入　黄昏　人定

十三经　《易经》　《尚书》　《诗经》　《周礼》　《仪礼》　《礼记》　《春秋左氏传》　《春秋公羊传》　《春秋谷梁传》　《论语》　《孟子》　《孝经》　《尔雅》

七夕　农历七月初七

十恶不赦中的十恶　谋反　谋大逆　谋叛　恶逆　不道　大不敬　不孝　不睦　不义　内乱

四大古典小说　《三国演义》　《水浒传》　《西游记》　《红楼梦》

四大谴责小说　《官场现形记》（李宝嘉）　《二十年目睹之怪现状》（吴沃尧）　《老残游记》（刘鹗）　《孽海花》（曾朴）

六、趣味——诗词之最

最快的船——两岸猿声啼不住，轻舟已过万重山。（李白）

最害羞的人——千呼万唤始出来，犹抱琵琶半遮面。（白居易）

最多的愁——问君能有几多愁，恰似一江春水向东流。（李煜）

最消瘦的人——帘卷西风，人比黄花瘦。（李清照）

最憔悴的人——衣带渐宽终不悔，为伊消得人憔悴。（柳永）

最忧愁的人——抽刀断水水更流，举杯消愁愁更愁。（李白）

眼力最差的人——众里寻他千百度，蓦然回首，那人却在灯火阑珊处。（辛弃疾）

最深的情——桃花潭水深千尺，不及汪伦送我情。（李白）

最高的楼——不敢高声语，恐惊天上人。（李白）

最大的瀑布——飞流直下三千尺，疑是银河落九天。（李白）

架子最大的人——天子呼来不上船，自称臣是酒中仙。（李白）

最深的雪——夜来城外三尺雪，晓驾炭车碾冰辙。（白居易）

最长的头发——白发三千丈，缘愁似个长。（李白）

被风吹得最远的房子——茅飞渡江洒江郊，高者挂罥长林梢。（杜甫）

最穷的妇人——右手秉遗穗，左臂悬敝筐。（白居易）

最大的额头——未出庭院三五步，额头已到画堂前。（苏轼）

最大的门窗——窗含西岭千秋雪，门泊东吴万里船。（杜甫）

爬得最高的人——举手可近月，前行若无山。（李白）

最寂静的空间——千山鸟飞绝，万径人踪灭。（柳宗元）

酒量最大的人——百年三万六千日，一日须倾三百杯。（李白）

最贪嘴的人——才饮长沙水，又食武昌鱼。（毛泽东）

脸皮最厚的人——待到重阳日，还来就菊花。（孟浩然）

最多的爱——三千宠爱在一身。（白居易）

最浓的情——金风玉露一相逢，便胜却人间无数。（秦观）

最长的情——天长地久有时尽，此恨绵绵无绝期。（白居易）

最苦的酒——酒入愁肠，化作相思泪。（范仲淹）

最孤独的人——举杯邀明月，对影成三人。（李白）

最喜欢喝酒的人——醉卧沙场君莫笑，古来征战几人回？（王翰）

最悠闲的人——采菊东篱下，悠然见南山。（陶渊明）

最勇敢的人——但使龙城飞将在，不教胡马度阴山。（王昌龄）

最不安分的人——春色满园关不住，一枝红杏出墙来。（叶绍翁）

最有计谋的人——射人先射马，擒贼先擒王。（杜甫）

最有志气的人——至今思项羽，不肯过江东。（李清照）

最不幸的人——运交华盖欲何求，未敢翻身已碰头。（鲁迅）

最重情的人——春蚕到死丝方尽，蜡炬成灰泪始干。（李商隐）

参考文献

1. 朱熹：《四书章句集注》，中华书局 2012 年版。

2. 中国国学文化艺术中心：《声律启蒙》，人民教育出版社 2011 年版。

3. 车万育：《声律启蒙》（插图珍藏本），岳麓书社 2016 年版。

4. 俞平伯等：《唐诗鉴赏辞典》（新一版），上海辞书出版社 2013 年版。

5. 夏承焘等：《宋词鉴赏辞典》（新一版），上海辞书出版社 2013 年版。

6. 《唐诗观止》编委会编：《唐诗观止》，学林出版社 2015 年版。

7. 《魏晋南北朝诗观止》编委会编：《魏晋南北朝诗观止》，学林出版社 2015 年版。

8. 上彊村民编选，刘乃昌评注：《宋词三百首》，中华书局 2014 年版。

9. 余恕诚、陈婷婷选注：《李商隐诗》，中华书局 2014 年版。

10. 王秀梅译注：《诗经》，中华书局 2015 年版。

11. 李志敏：《唐诗宋词元曲》，福建美术出版社 2012 年版。

12. 《小学生必背古诗词 75 首》编写组编：《小学生必背古诗词 75 首》，北京教育出版社 2013 年版。

13. 武连颇改写：《365 夜神话故事》，南京大学出版社 2015 年版。

14. 黄惇、金丹、朱爱娣：《中国书法史》，辽宁美术出版社 2001 年版。

15. 钟明善：《中国书法史》，河北美术出版社 2001 年版。

16. 雒三桂：《中国书法史》，人民美术出版社 2014 年版。